ストーリーでわかる
内部監査態勢の構築

著

あずさ監査法人
榎本成一

KPMGビジネスアシュアランス
天野雄介

同文舘出版

はじめに

　昨今、ディスクロージャーをめぐる企業不祥事が相次いで明らかになっているのは周知のとおりである。その中で、財務報告に係る内部統制が有効に機能していなかったのではないかとの指摘が出てきている。
　これを受けて、2006年6月に成立した金融商品取引法で、上場会社を対象に、財務報告に係る内部統制の経営者による「評価」と公認会計士による「監査」が2008年4月1日以後に開始する事業年度から義務付けられることになった。
　さらに、このような制度（内部統制報告制度）を実務に適用していくために、2007年2月15日に金融庁企業会計審議会より「財務報告に係る内部統制の評価及び監査の基準並びに財務報告に係る内部統制の評価及び監査に関する実施基準の設定について（意見書）」が公表された。その名のとおり、意見書は基準と実施基準から構成されており、実施基準は基準で示されている内容を実務に落とし込んでいく際の指針となっている。こうした基準類の確定により、多くの企業において検討が進められてきた内部統制評価の態勢構築もますます加速するものと推測される。
　そのため、同制度を独立的なモニタリング機能として毎期継続的に支えなければならない内部監査は、今後ますます注目されていくことになると考えられる。しかし、わが国においては、内部監査機能が同制度を支えるだけのレベルに質量ともに至っていない企業も少なくないというのが実情であろう。
　加えて、同制度への対応だけでなく、経営環境が目まぐるしく変化する中で、多くの企業経営者は、社内コンサルティング機能としての内部監査にも強い期待をしていくものと思われる。
　このような背景の中、筆者らは、これまでの実務経験をもとに、内部

監査態勢構築に携わっておられる経営者や担当者の方々が直面されるであろう課題解決の一助になればと思い、本書を執筆した次第である。

　最後に、本書刊行まで、同文舘出版株式会社の秋谷克美氏および高橋菜穂子氏には、大変お世話になった。この場をお借りして、御礼申し上げる。

2007年5月吉日

　　　　　　　　　　　あずさ監査法人
　　　　　　　　　　　　　　　　パートナー　榎本成一
　　　　　　　　　　KPMGビジネスアシュアランス株式会社
　　　　　　　　　　　　　　シニアマネージャー　天野雄介

【本書の構成】
第Ⅰ編　内部監査態勢構築への道
　これまで内部監査についての知識がなかった方にもご理解いただけるよう、内部監査態勢の構築に関して必要と思われる基礎的知識やポイントをストーリー形式で、できる限りわかりやすく紹介している。
　ストーリーは外部機関を利用する設定となっているが、社内だけで態勢構築にあたる際の参考にもなるように心掛けている。

第Ⅱ編　内部監査トピックス
　内部監査に関与する方にとって関心が高いと思われるテーマをピックアップし、実務上のエッセンスを説明している。そのため、第Ⅰ編に比してやや専門的な内容・表現となっている。
　　第1章　内部監査の新規導入事例
　　第2章　内部監査の品質評価
　　第3章　内部監査とＣＳＡ
　　第4章　コンプライアンス内部監査

【本書の読み方】
　本書の第Ⅰ編「内部監査態勢構築への道」、第Ⅱ編「内部監査トピックス」（第1章～第4章）は、それぞれ独立したパートからなっている。したがって、読者は関心や必要に応じて、本書を読み進めていただける。

【留意事項】
　内部監査で使用する各種書式・様式などについては、『内部監査実務全書（日本内部監査協会編）』や市販の書籍などで比較的容易に入手できる。本書に記載していないものについては、これらを参考にされることを強く推奨する。

目　次

第Ⅰ編　内部監査態勢構築への道

1. 内部監査って？ ……………………………………………4
2. 内部監査が注目される理由って？ ………………………6
3. 内部監査と内部統制の関係って？ ………………………9
4. 内部統制報告制度って？ …………………………………14
5. 内部監査の立ち上げ準備 …………………………………17
6. 内部監査体制と組織上の位置付け ………………………23
7. 外部アドバイザリー機関にはどんなところがあるの？ ………25
8. 会計監査人の独立性にも注意！ …………………………30
9. 外部アドバイザリーの選定 ………………………………32
10. 内部監査態勢構築プロジェクトのゴール ………………33
11. 内部監査態勢構築プロジェクトの全体像 ………………35
12. まず、内部監査の基本を理解する ………………………39
13. 監査ステップと必要ツールを仮決めする ………………42
14. 過度の外部依存は厳禁 ……………………………………47
15. 監査プログラムって？ ……………………………………49
16. パイロット監査をやってみる ……………………………53
17. 監査ステップと監査ツールを確定させる ………………55
18. 内部監査は1日にしてならず！ …………………………56
19. 監査の基本技法──聴く、書く ……………………………59
20. エピローグ …………………………………………………65

　本編のまとめ ……………………………………………………68

第Ⅱ編　内部監査トピックス

第1章　内部監査の新規導入事例 ……………………………………… 73
　1．はじめに ……………………………………………………………… 73
　2．A社プロジェクトの概要 …………………………………………… 73
　　(1) なぜ、内部監査制度の整備が必要だったか（プロジェクトの背景・目的）73
　　(2) どのような作業を実施したか（プロジェクトの範囲）74
　　(3) どのように内部監査制度の整備を進めたか（プロジェクトのアプローチ）75
　　(4) どんな陣容で内部監査制度の整備をしたのか（プロジェクト体制）78
　　(5) どれぐらいの期間をかけたか（プロジェクトのスケジュール概要）80
　　(6) 何を作成したのか（プロジェクトの成果物）82
　3．内部監査のステップ（概要）……………………………………… 83
　　(1) 監査計画作成　84
　　(2) 監査実施　85
　　(3) 監査報告　87
　　(4) フォローアップ　87
　4．関連様式（主なもの）……………………………………………… 88

第2章　内部監査の品質評価 …………………………………………… 95
　1．内部監査の品質評価とは …………………………………………… 95
　　(1) 誰が評価するのか　96
　　(2) 何を評価するのか？　96
　　(3) 何を基準に評価するのか？　97
　　(4) どのように評価を進めるのか？　98
　2．品質評価の進め方 ………………………………………………… 100
　2-1．プロジェクトの概要 …………………………………………… 100
　　(1) プロジェクト全体の進め方　100
　　(2) 各ステップの作業内容　101

3．品質評価のためのマニュアル …………………………………… 108
3-1．品質評価の実施に向けて ……………………………………… 110
3-2．事前準備段階 …………………………………………………… 110
　(1) 自己評価ガイド(ツール2A)　111
　(2) 内部監査部門長質問書(ツール3)　111
3-3．インタビュー・ガイド ………………………………………… 112
3-4．品質評価プログラム …………………………………………… 112
　(1) 内部監査部門長の報告先及び品質保証の責任(ツール12)　112
　(2) リスク評価と監査計画(ツール13)　113
　(3) スタッフの熟練した専門能力(ツール14)　113
　(4) 情報技術(IT)(ツール15)　119
　(5) 生産性及び付加価値の評価(ツール16)　119
　(6) 計画策定と業務実施、監査調書のレビュー、監査報告書及びモニタリング・プロセス(ツール17)　119
3-5．評価と報告 ……………………………………………………… 120
4．海外での外部評価の実施状況 …………………………………… 120
5．今後の展望 ………………………………………………………… 121

第3章　内部監査とCSA …………………………………………… 123

1．CSAとは …………………………………………………………… 123
2．CSAが注目される背景 …………………………………………… 123
3．CSAの形式とアプローチについて ……………………………… 124
　(1) ワークショップ(グループ討議)形式　124
　(2) 質問表(チェックリスト)形式　125
4．ワークショップ形式と質問表形式のメリット・デメリット …… 127
5．CSAとフレームワーク …………………………………………… 127
6．CSAの内部監査への活用について ……………………………… 129
7．CSA活用上の留意点 ……………………………………………… 131

8．今後のCSA導入の課題と展開 …………………………………131

第4章　コンプライアンス内部監査 ……………………………133
  1．コンプライアンスとは…………………………………………133
  2．コンプライアンス監査の視点…………………………………134
  3．コンプライアンス態勢についての監査………………………136
  4．個別の法令等に係る監査………………………………………145
  　（1）法令対応状況についての監査　145
  　（2）法令等の遵守状況についての監査　146
  5．今後の展望………………………………………………………147

「内部監査態勢構築」関連用語集 …………………………………149
参考文献 ………………………………………………………………158

第Ⅰ編
内部監査態勢構築への道

第Ⅰ編
内部監査態勢
構築への道

　本編は、下記の設定の中で、主にこれから内部監査態勢の構築または再構築を検討される場合に参考となるような内容となっている。なお、これから登場する企業や人物はすべて架空のものであるが、筆者らのこれまでの実務経験に基づいて作成しているため、内容は実践的なものとなっている。

登場人物等の設定

㈱花月　本社機能を大阪市中央区に置く二部上場企業。監査役設置会社

嶋木　㈱花月の代表取締役社長。ひとの話が終わる前に、自分の話を始めるようなせっかちな性格の持ち主。世間の流行に乗り遅れるのは大嫌い

辻元　㈱花月の営業マネジャー。嶋木社長から、内部監査（部署）の立ち上げ役に任命され、後に内部監査担当マネジャーとなる。入社以来25年間、営業畑で実績を残してきた叩き上げの社員

池野　㈱花月の経理主任。経営学部卒で会計研究会に所属していたこともあって、会計・監査の業界に多くの友人を持つ

阪田　㈱花月の会計監査を担当している監査法人の代表社員。この道35年のベテラン会計士

大前　監査法人アサヒの敏腕アドバイザー。東京築地生まれで本人は江戸っ子気どりだが、育った大阪での年季が長く、傍目には東京出身にはまったくみえない。口達者な公認内部監査人

1. 内部監査って何？

「辻元君、きみ来月から内部監査やってもらうことにしたから、よろしく頼むわな」
「えっ、内部監査……ですか!?」

　昼食後、嶋木社長から直々に本社へ呼び出された㈱花月難波支店営業マネジャーの辻元は、一瞬耳を疑った。いや、内部監査という言葉を突然聞かされ、戸惑ったというのが正直なところであったかもしれない。
　最近、ビジネス誌などで内部監査に関する記事を見かけるようになった。しかし、たいてい読まずに済ますので、内部監査がどういう内容の仕事なのかよくわからなかった。社外の友人から、定年間際のおじさんがごく稀に事務所にやって来て神妙な顔つきで何やらあら捜しをしては帰っていく、という話を聞かされる程度だったので、いわゆる「あがり部署」的な印象だけがなんとなく頭の中にあった。当然、営業でバリバリ働いている自分にはまったく縁も所縁もないものだという意識があり、気にも掛けていなかったため、急に内部監査をやれといわれて困惑したのである。同時に、これは左遷なのだろうか、という疑念が湧いて不安になった。

「急に、内部監査といわれましても……。あの、営業成績もそんなに悪くはないと思いますし、私が何か問題になるようなことでも……」
「いやいや、そういうことやない。心配せんでえぇ。何も、きみが使えんから、内部監査に回すという話やないんや。なんでも、これからの内部監査は皆が思っとるような後ろ向きの仕事ではないらしくてな、ライ

第Ⅰ編
内部監査態勢
構築への道

バル会社のなにわ興産も中堅の優秀なマネージャーを抜擢して頑張ってるみたいなんや。うちの会社はかなり昔に上場したから、内部監査の部署がないが、いまは内部監査部署がないと上場でけへんそうや。それにな、最近規制ができたみたいで、うちもいまのままではアカンらしい。ただ、その辺のところがようわからんから、悪いけどちょっと調べてくれるか？」

「はぁ……、わかりました」

　そう答えて社長室を出たものの、辻元には、何をどうしたら良いのか、さっぱりわからなかった。とりあえず内部監査とはどんなものなのか、インターネットと本で調べることにした。
　その結果、漠然とではあるが、以下のような特徴が見えてきた。

● 会計士や監査役の監査と違い、法律で決められたものではない。
● 監査結果の報告先は株主などではなく、経営者である。
● 経営目標の効果的な達成に役立つことを目的としている。

【参考】
　日本内部監査協会の2004年度版「内部監査基準」の定義は次のようになっている。
「内部監査とは、組織体の経営目標の効果的な達成に役立つことを目的として、合法性と合理性の観点から公正かつ独立の立場で、経営諸活動の遂行状況を検討・評価し、これに基づいて意見を述べ、助言・勧告を行う監査業務、および特定の経営諸活動の支援を行う診断業務である。
　これらの業務では、リスク・マネジメント、コントロールおよび組織体のガバナンス・プロセスの有効性について検討・評価し、この結果としての意見を述べ、その改善のための助言・勧告を行い、または支援を行うことが重視される。」

　辻元は、「経営活動そのものに根ざす問題を発見し、改善の提案を通じ

て、企業の内部管理態勢を支える機能」が最近の内部監査なのではないかと自分なりに考えてみた。要は、社内のコンサルタントのようなものではないだろうか。だとしたら、この社内コンサルタント的な機能がなぜいまそんなに注目を集めているのか？　辻元はさらに検討することにした。

> **ワンポイント・レッスン**
>
> 　内部監査とは経営目標の効果的な達成を阻害する要因を発見し、その改善のためのアドバイスを行うことで経営（者）に貢献する任意の監査機能。近年、単にルール違反を取り締まるポリスマン的（監視的）な役割でなく、経営改善に貢献するコンサルタント的（指導的）な役割が重視されるようになった。

2. 内部監査が注目される理由って？

「単純な話、社長からすれば、社内に不正や効率の悪いところがないか、いつも気になるやろから、そういう機能があれば助かるんやろな。でも、本当にそれだけなんやろか。う〜ん、法律では決まってないみたいやしなぁ〜」

　頭の整理がつかず、腕組みをしながら考えていた辻元は、内部監査の本を探して、何件か本屋を回ったときのことを思い出した。内部監査関連のコーナーの近くには必ずといっていいほど「内部統制の……」とか「日本版SOX……」とかいったタイトルの本が積まれてあった。もしかしたら、内部監査に注目が集まってきていることに関係しているのかもしれない。再び本屋に立ち寄って、表紙に内部統制と書かれた書籍のう

第Ⅰ編
内部監査態勢
構築への道

図表Ⅰ-1　目次

1．内部監査とは何か
2．内部監査が注目される背景
3．内部統制と内部監査
4．内部統制とは
5．財務諸表監査と内部統制監査の違い
6．内部統制監査制度の概要
7．今後の課題

出所：筆者作成。

ち簡単そうなものを2冊選んで購入した。

　帰宅後、本を読んでみるとどうやら自分の予想が当たっていたようだ。社長がいっていた「規制」についても「内部統制」やよく聞く「日本版SOX」に関係しているらしい。

　辻元は調べた内容について、目次立てのスライドを使って社長に報告することにした（図表Ⅰ-1）。

「社長、お忙しいところすみません。あれから、内部監査のことを勉強して、いろいろとわかってきましたので、報告させていただきます」
「ああ、よろしく頼む」
「まず、内部監査は公認会計士による外部監査や監査役監査とは違って、企業が任意で行う監査なのですが、社長がおっしゃるようにここ最近注目度が上がってきており、力を入れる会社が増えてきているようです」
「そやろ。新聞とか雑誌にも内部監査の記事がしょっちゅう載っとるか

ら、そうやと思ってたんや。そやけど、何がどうなってるんか、いまひとつわからんで困ってるんや」

「私も頭を整理するのに苦労しました。経理主任の池野君からうちを見てもうてる公認会計士の阪田先生を紹介してもらったので、内容的に不安なところは阪田先生に確認しました」

「そうか、ご苦労さんやったな。今度、池野君にもひと声かけとくようにしよう」

「ありがとうございます。それでは本日は、内部監査に焦点を当てて説明させていただきます。外部監査や監査役監査など他の監査との正式な違いについては、後日整理して報告したいと思います」

「わかった」

「まず、内部監査に対する私なりのとらえ方ですが、内部監査とは経営活動そのものに根ざす問題を発見し、改善の提案を通じて、企業の内部管理態勢を支える機能だと理解しました」

「ほぅ。経営上の問題点いうたら、経営戦略なんかも入るんか？」

「いえ、**経営戦略を立案する上での経営者の意思決定そのものは、通常、内部監査の対象になりません**。意思決定を監査しようとすると、経営者を監査することになり、実質的に無理がありますので、多くの企業では経営戦略を対象からはずしています」

「なるほど、それもそうやな」

【参考】
　内部監査の目的に経営者の行動そのものの評価を含む場合を、for Managementの監査から of Managementの監査への変化ととらえるという議論もなされているが、日本企業の実務では現時点そのような事例はほとんど存在しないと思われる。

第Ⅰ編
内部監査態勢
構築への道

「次に、最近内部監査が注目されているのには理由が2つあると思われます。1つ目は、**企業経営環境の変化の激化とそれに伴うビジネスリスクの複雑化等を背景に、従来行われていたあら捜しのような内部監査ではなく、経営者の将来の意思決定と企業の価値創造に寄与する機能としての内部監査が求められるようになったこと**です。つまり、経営者が経営を進めていく上で必要不可欠なツールとして内部監査の重要性が見直されてきているのだと思われます」

「そやな。それはわしも同感や」

「2つ目としては、先日社長も言及されていた規制の制定が挙げられます。これは、内部監査が注目されていることに特に深く関係しています。社長もあちこちで聞かれていると思いますが、**金融庁の内部統制報告制度**がそれにあたります」

> ワンポイント・レッスン
>
> 企業経営環境が複雑化する中で、社内コンサルタント的な活動が期待されてきているということに加え、金融商品取引法により義務付けられることになった内部統制報告制度を支える機能として内部監査が最近、特に脚光を浴びるようになってきた。

3. 内部監査と内部統制の関係って？

「ああ、内部統制報告制度も確かに最近やたらと目にする言葉やけど、内部監査とは違うんか？」

「**内部監査は内部統制の構成要素の1つであるモニタリング機能と考えるのが一般的**なようです」

「その内部統制とかモニタリングとかの意味があんまりわからんのだ

が、説明してくれるか？」

「はい。ただ、内部統制というのは非常につかみどころのない概念的なもので、私自身きちんと理解できていない部分があるかもしれませんが、ビジネス書に書かれている内容を整理すると、**内部統制とは企業の存続とその継続的な発展のために、経営者が経営資源をコントロールするための仕組み**、ということのようです」

「なるほど。そうすると会社の内部管理の仕組みみたいなもんやな。ほんで、それと内部監査がどう関係するんや？」

「はい。金融庁の内部統制報告制度の内容が記載されている実施基準（『財務報告に係る内部統制の評価及び監査の基準並びに財務報告に係る内部統制の評価及び監査に関する実施基準の設定について（意見書）』を本書では「実施基準」とする）に内部統制の基本的な枠組みというものがあるのですが、それを利用しながら、説明したいと思います。ちなみに、これは内部統制の世界的な標準モデルであるCOSOフレームワークがベースになっているようです。では、図表Ⅰ-2をご覧ください。これは金融庁が公表した内部統制をモデル化したものです。このモデルによると内部統制は4つの目的と6つの構成要素からなるものと考えられています。まず、内部統制の4つの目的ですが、企業の存続とその継続的な発展のためには、ポイント①として記載しているように、「業務の有効性及び効率性」「財務報告の信頼性」「関連法令等の遵守」「資産の保全」の4つの目的すべてが必要だと考えられております。短期的には「業務の有効性及び効率性」だけでも企業運営は成り立つのですが、コンプライアンス違反や粉飾決算を犯した企業が社会に受け入れられなくなってきている現状を考えていただければ、他の3つの目的の重要性も容易にご理解いただけると思います」

「そやなぁ。昔は会社のためやったら、多少うさんくさいことでも許さ

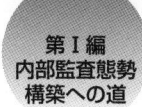

図表Ⅰ-2　内部統制の基本的枠組み

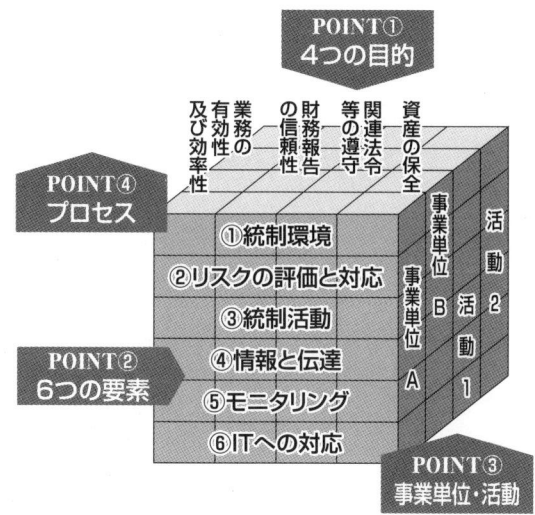

出所：実施基準より筆者加筆、修正。

【参考】
　COSO フレームワークとは、1970 年代、80 年代の米国において粉飾決算が多発したことを受けて、米国公認会計士協会等が中心になって組織した「不正な財務報告に関する全国委員会」（通称、トレッドウェイ委員会）が取りまとめた「内部統制の統合的フレームワーク」のことである。

れとったけど、いまはありえへんやろな」

「そうですね。次に、内部統制の 6 つの構成要素について説明させていただきます。これは企業において本来備わっているべき内部統制が 6 つの要素から成り立っているという考えに則っています」

「要するに、**本来会社が企業目的を達成するために内部管理上備わっているはずの機能**みたいなもんやな」

「そのとおりです。それがこのモデルにある 6 つの構成要素で、統制環

境・リスクの評価と対応・統制活動・情報と伝達・モニタリング・ITへの対応からなります。そして、このモニタリング機能の一部に該当するのが内部監査です」

「うーん。さっきの４つの目的と違って、いまひとつ、イメージが湧かんのだが、簡単に説明してくれるか？」

「はい。まず、統制環境ですが、これは自社のDNAのようなものとお考えいただければ良いかと思います」

「ということは、わしの経営に対する考え方なんかも入るんか？」

「そのとおりです。従業員の考え方や行動に影響を与えるものはすべてこれに該当します。これが会社にとって一番大事ですね」

「なるほど」

「次にリスクの評価と対応ですが、これは企業が達成しようとしている目的を妨げる要因やその発生度合いなどを検討し、対応することです」

「例えば、何がある？」

「例えばですね、うちの製品の製造工程で、きちんとした製品を製造できなくなる原因にはどんなものがあるか、ということをあらかじめ検討し、適切な対応をすることなどがこれにあたります」

「なるほど。思ったよりも具体的な問題やな。ということは、いわゆるリスクマネジメント態勢が確立してるとか、していないとかいうレベルの話ではないわけやな？」

「そうですね。リスクマネジメント態勢が確立していなくても、日々の業務の中で、こういう問題を考える場合もありますからね」

「そらそやな」

「次に、情報と伝達ですが、これはイメージしていただきやすいと思います。会社で情報が上下左右に伝達される機能がなければ業務が成り立たないのは明らかですから」

第Ⅰ編
内部監査態勢
構築への道

「うん。当然やな。で、肝心のモニタリングは？　カタカナ用語は苦手なんやけど、これは一般的な言葉なんか？」

「最近では、比較的使用されているようですね。内部統制の実施状況を評価する仕組みと考えていただければ良いと思います。モニタリングには、内部監査だけでなく、日常業務でのチェック機能なども該当するようです」

「なるほど、それでだいたい内部統制と内部監査の関係がわかった。で、最後に残ったITへの対応っていうのは、なんや？」

「これは、組織の目標を達成するためにあらかじめ適切な方針などを定めて、業務の実施過程において組織内外のITに対し、適切に対応することです」

「何か、他の５つと比べて、違和感を感じるんやが……」

「社長がそうおっしゃるのもごもっともです。実は、先ほどお話したCOSOフレームワークでは、他の構成要素に含んで考えており、独立して存在するものではないようです」

「何かややこしいけど、要は会社の業務がITにますます依存する世の中になってきたから、ITの利用をうまくしろよ、ということやな」

「そのとおりです」

ワンポイント・レッスン

　内部統制とは企業の存続とその継続的な発展のために、経営者が経営資源をコントロールするための仕組みである。内部監査はその内部統制の実施状況を評価する機能であり、内部監査自体も内部統制の一部である。

13

4. 内部統制報告制度って？

「内部統制と内部監査の関係はわかったが、規制というのが、ようわからん。どんな規制ができたんや？」

「はい。簡単に申し上げれば、**経営者が財務報告に関係する内部統制を評価し、その評価結果について、外部監査人の監査を受けなければならなくなった**ということのようです」

「外部監査人の監査なんか昔からやってるやないか。それ以上に、もっとやらなアカンのか？」

図表Ⅰ-3　財務諸表監査と内部統制監査

従来独立外部監査人が、財務諸表監査の一環として、内部統制評価を実施していました。
今後は、経営者自身が内部統制評価を実施した上で、（経営者による内部統制の評価結果に対して）独立外部監査人が監査を実施します。

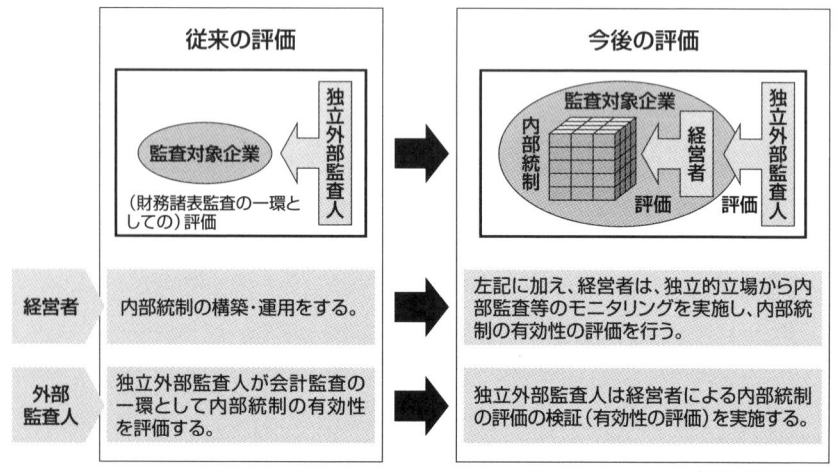

出所：筆者作成。

第Ⅰ編
内部監査態勢
構築への道

「平たくいえば、そういうことになります」

「う〜ん、わかったようなわからんような……」

「私も社長同様この話を聞いたとき、よくわからなかったので、先ほどお話した公認会計士の阪田先生に相談したところ、このスライドでわかりやすく説明していただいたんです。ですので、この図（図表Ⅰ-4）に沿って、内部統制監査の説明をしたいと思います」

辻元はまず内部監査への影響に絞って制度概要の説明をすることにした。

図表Ⅰ-4　内部統制報告制度の概要

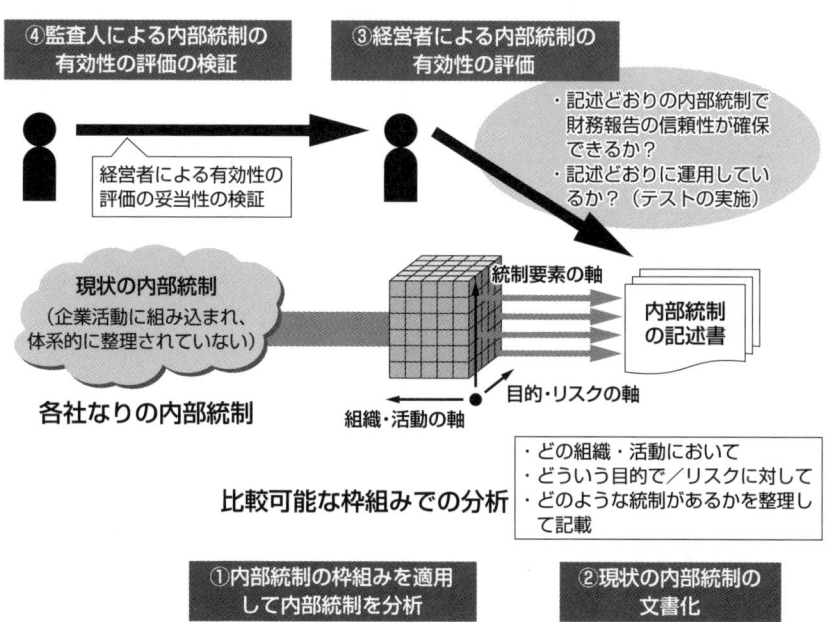

出所：筆者作成。

「まず、図の左にある雲の絵をご覧ください。内部統制の内容がどんなものかはともかくとして、会社が会社として成り立っている限り、各社なりに内部統制というものが存在する、ということをこの雲は表しています」

「なるほど、統制も何もなかったら会社としてやって行けんわな」

「おっしゃるとおりです。ただ、問題は財務報告に関係する部分だけとはいえ、この内部統制という雲のようなものを監査の対象としなければならないところにあります。そこで、先ほど紹介した内部統制の基本的枠組みが必要になってくるわけです」

「なんで、あんな変なキューブみたいなもんが必要なんや？？」

「会計士の阪田先生がおっしゃるには、内部統制のような概念的なものを監査するためには一貫性のある整理箱のようなものが必要で、そのような共通の枠組みがないと経営者も監査人も自分勝手な判断基準で内部統制を評価しなければならなくなるとのことでした」

「なるほどな。何となく理解できたから、続けてくれ」

「はい。次に、この内部統制の基本的枠組みを適用して現状の内部統制を整理し、文書に落とすことになります。公式には記録・保存って言うみたいなんですけどね」

「なんで文書なんかにせなアカンのや。そんなものは人間の頭の中に入っとるやろ」

「おっしゃるとおりなのですが、この制度は**内部で経営者が内部統制を評価するだけでなく、最終的には経営者の評価した結果を外部の監査人が監査する**という立て付けになっています。監査人の監査を受けるためには、何らかの形で記録を残さざるを得ないんです」

「難儀な制度やな。それで結局、この制度と内部監査がどう関係するんや？」

「図中の**経営者による内部統制の有効性評価**という内部での評価が、まさに内部監査そのものなのです」

「な～るほど、そういうことか。制度対応には欠かせん機能というわけやな。そしたら、早いこと部署を立ち上げんといかんわなぁ……」

嶋木社長は神妙な顔で少し黙り込んでからこういった。

「今日は、いろいろと報告ご苦労さんやったな。どうやら、わしが頭で考えていたレベルでは甘かったみたいやから、どんな部署にすればいいか次回までに素案を作ってきてくれへんか？」

「組織上の位置付けや部員をどうするかということですか？」

「それだけやなくて、組織立上げのスケジュールも素案に含めてほしいんや」

「了解しました。経理の池野君にも手伝ってもらって、なるべく早めに報告に上がれるようにします」

ワンポイント・レッスン

内部統制報告制度とは、経営者が財務報告に係る内部統制について評価し、その評価結果の妥当性について、独立した外部監査人が監査をするという制度。2006年6月に成立した金融商品取引法により制度化された。

---

5. 内部監査の立ち上げ準備

組織上の位置付けなども検討しなければならないが、まずは内部監査の核になる人材をどうするかを考えなければならないと思った辻元はまず他社の状況を調べてみることにした。インターネットで調べたところ、日本内部監査協会が定期的に「監査白書」なるものを出しており、監査

部署に関する統計データが幅広く掲載されていることがわかったので、早速最新版の2003年度「監査白書」を取り寄せて内容を確認した。「監査白書」には、辻元が欲しかった内部監査部署の人数や組織的な位置付けに関する調査結果が掲載されていた。辻元はそれらを項目ごとに報告書にまとめることにした。

しかし、社長への報告書には具体的な組織立上げに向けてのスケジュールを記載しなければならない。自分にとって未経験の分野であるので経理部の池野に相談を持ちかけることにした。

【参考】
　日本内部監査協会は3年ごとに、わが国における内部監査活動の総合的な実態調査を実施している。現在公表されているもので最新版は、本書で紹介している2003年度「監査白書」(「第15回監査総合実態調査集計結果」)である。
　2003年度「監査白書」の調査対象は、株式会社のほか、特殊法人・学校法人・組合などの組織体が含まれている。また、株式会社は、上場会社・店頭登録会社等に限定せず、内部監査担当部門を設けて実施していると見られる組織体を内部監査協会で可能な限り網羅するようにしている。調査依頼状発送数は3,157社で、そのうち総回答数は1,053社(33.35%)、有効回答数は1,044社(33.06%)である。なお、調査期間は、2003年12月9日～2004年1月8日までとなっている。

「おうっ、池野！　ここや！」

いつもの居酒屋ホリムラで待っていた辻元は、店の入り口に池野の姿を見つけ、大きく手を振った。振ってから池野の後ろの人物に気がついた。

「あっ、阪田先生」

池野と一緒に店に入ってきたのは、㈱花月の会計監査を担当している

第Ⅰ編
内部監査態勢
構築への道

阪田先生であった。

「マネジャー、驚かせてすみません」

辻元の隣に座りながら、池野が簡単に詫びた。

「実は昨日、先生とちょっと内部監査部署立ち上げの話をしてたんですけどね、そのとき先生が、マネジャーはそろそろ行き詰るだろうっておっしゃったんですよ」
「ぼくは、そんな言い方してないよ。人聞き悪いなぁ」

阪田がまんざらでもなさそうに口を挟んだ。

「でも、わたしが、どうしてですかって尋ねても、先生は教えてくれないんですよ。そのうち池野さんのところに相談に来るだろうから、そしたらぼくも同席させてもらうよ、なんてことをおっしゃったんで、今日、ほんとにマネジャーが相談に来られてびっくりしました」
「いや、おれのほうがびっくりしたわ。でも、先生、なんで私が池野のところに、相談に行くってわかったんですか？」
「そういうものなんですよ。一般的に」
「とおっしゃいますと？」
「内部監査部署を立ち上げるということになると、大抵の人は内部監査とはどういうものなのか調べにかかります」
「はい、わたしも調べました」
「その辺りのことは、本を見れば載っていますし、内部監査部員の人数だとか、そういったことも探せば情報が手に入ります」

「それも見つけました」

「でもね、辻元さん。内部監査部門を立ち上げるために本当に必要な情報は、その先にあるんですよ。例えば、内部監査の年間計画を立てましょうと本には書かれています。でも、では実際にどのような計画を立てればよいのか具体的なことは書かれていません。年間にどれだけの部署を監査して回ればよいのか、1回の監査にどれくらいの時間がかかるのか、どのタイミングで報告会を開けばよいのか、そういった実務上必要な情報の具体的な例は本にはあまり書かれていません。一般的な例示で止まっています。でもそれは当たり前なんです。年間計画なら年間計画で、具体的な内容は、あくまで**企業の事業規模や、事業内容、あるいは監査の目的、テーマ、内部監査人のスキルなどを総合的に勘案して決める必要があるんです**。だから、具体的なところを進めようと思うと、大抵の会社の人は手が止まってしまいます」

「おっしゃるとおりです。ちょうど社長から内部監査部署の立ち上げスケジュールの素案を出すようにいわれまして。それでいろいろと考えて、アイデアもいくらか思いついたんですが、どれもいまひとつ自信が持てないんです」

「そうでしょうね。辻元さん、そろそろ外部のアドバイザリーに入ってもらうのがいいんじゃないかと、ぼくは思いますよ」

「アドバイザリー……ですか？」

「ええ」

阪田が静かに頷いた。

「それは、わたしも同じ意見です」

と、池野が口を挟んだ。

「池野君もそう思うんか？」
「結局のところ、先生がおっしゃるように調べたことがそのまま自分の会社の問題にあてはまるとは限らないと思いますし。だからって、試行錯誤を繰り返してやっていけるほど、時間的に余裕があるわけでもありません。やはり専門的な知識を持っているアドバイザリーの方と一緒に考えるのが一番効率的やないかと、わたしは思うんですが」
「うーん。なるほど。アドバイザリーねえ……」

【参考】
　内部監査が重視されるに伴い、内部監査関連のサイトも多くなってきた。以下では、内部監査について各種検討を行う際に役立ちそうなサイトをいくつか紹介しておく。
　　http://www.iiajapan.com/（日本内部監査協会）
　　http://www.theiia.org/（内部監査協会国際本部：IIA）
　　http://www1.ttcn.ne.jp/kikuya/（内部監査人室）
　　http://www.hi-ho.ne.jp/yokoyama-a/naibutousei.htm
　　　　　　　　　　　　　　　　　（内部統制のチェックリスト）
　上記のほか、監査法人の内部関連サイトも参考になると思われる。

　そういって辻元は黙り込み、沈黙に耐えかねた池野が別の話を始めたので、内部監査の話はそれきりになった。しかし、飲んでいる間に辻元の頭の中では、外部アドバイザリーの導入を真剣に考えようという意思が固まっていた。そう決めてしまうと気分的に楽になる部分もあった。
　辻元は、内部監査部署立上げに向けて自分なりの報告書を作成する一方で、外部アドバイザリー導入を進めることにした。数日後、状況報告をするため、社長に連絡をとった。

「社長、辻元です。失礼します」

「おっ、来たか。入れ入れ」

「早速ですが、詳細を報告させていただく前に、相談したいことがあるのですがよろしいでしょうか？」

「もちろん」

「あれから、さまざまな資料やインターネットから情報を集めたり、何人かの人に相談したりしたのですが、内部監査態勢を構築するとなると、外部の専門家の支援が必要ではないかと考えました。もちろん、私が主体となって取り組むつもりではありますが、先日社長にも報告しましたように外部環境も目まぐるしく変化する中で、当社の今後の経営に資する内部監査機能を構築するのであれば、一定の経験知を持った専門家の助言を受けたほうがよいと思うのですが……」

「うちの人間だけでは厳しいんか？」

「本当は社内で検討して作るのが一番なんですが、正直申し上げて社内だけですべてをやっていくのは難しそうです。経理の池野君とも相談したのですが、外部のアドバイザリーを使わせてもらえないでしょうか？」

「うーん」

社長は渋い表情でしばらく唸っていたが、やがて辻元にいった。

「よっしゃ、わかった。辻元君、内部監査に関して外部を利用することは認めよう。だが、ちゃんとしたとこに頼めよ。それから、わしらも、ようわかってない分野やから、コンペしてくれ。念のためにいうとくけど、安いだけで選んだらアカンで。コンペを通してどんなことをやってくれるか、ようわかった上で、うちの会社におうたとこ契約を結ぶように注意してくれ。とにかく、うまいこと外を使えよ！」

> 第Ⅰ編
> 内部監査態勢
> 構築への道

ワンポイント・レッスン

　実効性のある内部監査を実施するためには、自社にあった組織体制・業務を組み立てる必要がある。そのためには、内部監査はどのような期待に応え、何をやっていくのか（監査目的・監査目標）を明確にした上で、その目的・目標を達成するために必要な資源、方法、プロセス等を検討しなければならない。自社で組織体制・業務の組み立てが困難な場合には、必要に応じて一定の経験知を持った専門家を利用するという選択肢もある。

---

6. 内部監査体制と組織上の位置付け

「ありがとうございます。すぐ検討に入ります。ご相談は以上で、内部監査部署立上げにあたって私のほうで取りまとめたことがございますのでご報告させていただきます」

「そうか、じゃ、始めてくれるか」

「まず、内部監査部署の組織上の所属形態ですが、これは社長に直属で良いかと思います。内部監査に関する白書を日本内部監査協会というところが発行していまして、それによると70％近い会社が社長直属となっています」

【参考】
　内部監査部署は688社（66.9％）が社長、48社（4.7％）が取締役会、123社（12.0％）がその他役員に直属しており、経営トップ層に直属の形態を取っている会社が全体の83.6％を占めている。

「内部監査に期待される機能からすると、確かにそのほうがええな。まぁ、この話を持ちかけたときから自分の直属にするつもりやったから、

それで構わん」

「ありがとうございます。**内部監査は客観的な立場から部門横断的に進めなければならないので**、そうしていただけると助かります」

> 【参考】
> 客観的な立場（客観性）とは、内部監査人が自らの信念に基づいて、公正不偏の態度で判断を下すという精神的態度の独立性を指す（内部監査人協会『内部監査の専門職的実施の国際基準』1120より）。

「で、当初何人ぐらい必要なんや？」

「最終的には内部統制報告制度対応に内部監査部署がどこまで関与するかということや社長がどこまでの機能を期待されるか等によって左右されますから、最初のうちは明確でない部分もありますので、私と若手スタッフ1名程度で良いかと思っています」

「うちも余裕がある会社やないから、そのくらいでスタートしてくれるとありがたいけど、よそはどうなんや？」

「さきほどの内部監査白書によりますと、**3名以下が60％程度を占めているような状況**で、よそもこれからといった感じです」

「そうか、それやったら、うちとあんまり変わらんな。それで、部員はどういう人間が欲しいんや」

「できれば、経理財務などの数字面に強い人間を希望します。販売業務は私のほうで把握していますが、内部管理面、特に数字に明るい人材が加わらないと、これからの時代に対応できないと思いますので」

「なるほどな。で、よそはどんな部署出身が多いんや？」

「監査白書によりますと、複数回答ですが、**トップは販売・営業部署で49.7％、2位が経理・財務部署で42.6％**となっています。やはり、よそも同じようなことを考えるようですね」

第Ⅰ編
内部監査態勢
構築への道

「そうみたいやな。内部監査機能の立ち上げ部署のことは大体イメージがついた。報告はそんなもんか？」
「はい」
「じゃ、さっきいうてた外部の件、うまいことええとこ見つけてくれよ。ちゃんとしたとこやぞ。ちゃんとしたとこ」
「了解しました。コンペするための業者をリストアップして、業者にプレゼンさせます。お忙しいところ申し訳ないですが、社長にもお時間をいただくことになるかと思います」
「内容的にも大事なことやし、コストもかかることやから、もちろん同席させてもらう」
「では、本日はこれにて失礼します」

ワンポイント・レッスン

内部監査が客観的な立場から実施されるためには、さまざまな業務活動から独立していなければならない。すべての業務活動が内部監査の対象となりうるわけであるから、内部監査部門は、他の部門とは一線を画した組織として位置付ける必要ある。典型的な、組織上の位置付けとしては、経営トップ直属の形態が挙げられる。

---

7. 外部アドバイザリー機関にはどんなところがあるの？

社長との打合せ後、辻元は早速、池野のところへ向かった。

「池野君、外部を使う件、社長のOKもらったでー」
「そうですか、OKが出てよかったですね」
「ほんま、よかったで。社内だけでは、埒が明きそうになかったから

な。ところで、外部ってどんなとこがあるんやろ？」
「じゃ、ちょっとわたしが調べておきます」

　１週間後の夕方、池野経理主任はやってきた。

「マネジャー、今日の夜、空いてませんか？　先日の外部機関の件、ちょっとお話したいと思いましてね。マネジャーの大好きな芋焼酎でもやりながら、どうですか？」
「おっ、そりゃええな。ただし、難しい話はシラフでないとアカンで」
「ご心配なく。簡単な話ですから」
「了解。ほんなら、いつものホリムラに７時集合ということで」
「わかりました。社外秘情報もないんで、資料も持っていきますわ」

　午後７時にホリムラで落ち合った２人は、アルコールが回らないうちに仕事の話を始めた。
「マネジャー、とりあえずネット検索でどんな外部機関があるか調べた上で、いろんな知り合いにあたって訊いてみたんですよ」
「ほんで。どうやった？」
「主な外部機関として大きくは、大手監査法人またはそのグループ会社、中堅監査法人または会計事務所、コンサルティング会社の３つがあるようです」
「いろいろあるもんやなぁ。で、どんな違いがあるんや？」
「いろんな人から、いろんな話を聞いてわたしなりに整理したんですが……」

　池野は、使い古した百貨店の紙袋の中から資料（図表Ⅰ-5）を出して

説明を始めた。

「まず大手監査法人とそのグループ会社ですが、どうやら、どこの監査法人も先進的な内部監査の方法論を持っているようです。それをベースに内部監査サービスを提供しているみたいですよ」
「方法論ってなんや？」
「ばくっといえば、内部監査のやり方、進め方で、いわゆる"ハウ（How）―どのように"ってことですわ」
「へぇー、監査法人って会計監査をやっているだけやなかったんか。内部監査もやってるって、初めて知ったわ」
「そうなんですよ、マネジャー。監査法人は会計監査だけでなく、内部監査関連やいろんなアドバイザリーサービスの提供もしてるんですよ。

図表Ⅰ-5　内部監査サービス外部機関に関する池野のメモ

外部機関	コメント
大手監査法人／そのグループ会社	グローバルな会計事務所（4大会計事務所）に加盟し、先端的な内部監査の方法論、手法、ノウハウを輸入しているらしい。監査法人というと会計監査をイメージしがちだが、会計監査とは別部隊で業務監査サービスの提供を行っており、経験・ノウハウが蓄積していそう。
中堅監査法人／会計事務所	かつて大手監査法人に勤務していた方も在籍しているようだ。このため、大手監査法人の監査ノウハウを身につけているメンバーも少なくないのではないか。また、大手監査法人に比べると報酬面も低く抑えることができそう。
コンサルティング会社	ISO、プライバシーマーク、情報セキュリティなど、特定の分野に関する内部監査サービスを提供していることが多い。会社の提供サービスとしては、内部監査だけでなく、情報システムやISO認証取得のコンサルティングを手がけていることも多いようだ。

出所：筆者作成。

> 【参考】
> グローバルな4大会計事務所（いわゆるビッグ4）とは、
> 　・KPMG
> 　・プライスウォーターハウス・クーパーズ
> 　・アーンスト・アンド・ヤング
> 　・デロイト・トウシュ・トーマツ
> である。

監査法人のグループ会社なんかは、アドバイザリーしかやってませんしね」

「ほんで、ほかはどうなんや？」

「中堅監査法人や会計事務所ですけど。ネット検索してみたら、結構ヒットしましたわ」

「ほー、そんなとこも内部監査サービスをやってるんか」

「そうなんですよ。税理士事務所でも内部監査サービスをやっているところがあるんですよ」

「へぇ、それもしらんかったなぁ。おれ、営業一筋25年やからなぁ。なんやわからんけど、ええ勉強になるな。で、そこはどうなんや？」

「はい、中堅監査法人は、海外の会計事務所と提携しているところもあれば、そうでないところもあるみたいです。それと、中堅監査法人や会計事務所には、大手監査法人出身者も少なくないみたいです。そんなこんなで、内部監査のノウハウもありそうだとわたしは思うんですが」

「『わたしは思うんですけど』ってどういうこっちゃ？」

「はぁ、わたしの友人で大手監査法人に勤めているヤツに訊いたら、『中堅監査法人や会計事務所は会計監査や会計・税務サービス、それとちょっとした経営コンサルをメインにしていて、いいとは思うけど、どうせなら人数も多く、多くのノウハウをもっている大手のほうがいいんじゃないか』っていうんですよ。どう思います？」

第Ⅰ編
内部監査態勢
構築への道

「うーん、鵜呑みにするんはアカンけど、同じ業界にいてる友人がいうてるんやったら、うちとして参考情報の1つにしてもええんちゃうんかなぁ。まぁ、全体的な傾向ということやろうけど」

「そうかもしれませんね」

「で、最後のコンサルティング会社っていうのは、どうなんや？」

「はい、これも私見ですけど、内部監査といっても、どうもISOとか情報セキュリティなど、決まった分野の内部監査のサービスを提供する会社が多いように思えます」

「何でそう思うんや」

「ホームページで開示された情報を見ると、たいていの会社がISO、Pマーク（プライバシーマーク）、ISMS認証取得に関するコンサルティングなんかをメインにし、内部監査サービスも付随的に提供しているような感じで書かれているんですよ。なので、それぞれの認証分野に関する内部監査をやっているのかなぁ、と思いまして」

「ふーん、なるほどなぁ。で、結局のところ、どんなとこに頼むんがええと思う？」

「そうですねぇ。うちの会社としては、まずガバナンスの強化の一環としての内部監査の態勢づくりが必要だと思うんですよ。つまり、特定の分野に関する内部監査よりも全般的な分野に関する内部監査のインフラづくりがまず必要かと。こう考えると、監査法人系がええんかなぁ、と個人的には思います」

「確かに。どんな場合でもそうやけど、**自社のレベルがどんな水準で、何をしたいのかに合わせて業者を選ぶのが大切**やからなぁ。で、大手監査法人にするか、中堅どころにするかっていうのは、どっちがええんや？」

> **ワンポイント・レッスン**
>
> 　内部監査の外部アドバイザリー機関としては、大きく「大手監査法人」「中堅監査法人／会計事務所」「コンサルティング会社」の３つのグループに区分することができるが、どんな外部アドバイザリー機関にも、一長一短があるため自社がどのような内部監査を目指すのかに合わせて、慎重に選択する必要がある。

8. 会計監査人の独立性にも注意！

「内部監査に関してなんにも無しのうちの会社としては、インフラに関する方法論を持った大手監査法人のほうが適していると思うんです」

「ほんなら、うちを見てくれてはる監査法人の阪田先生に頼んだらええんちゃうんか？」

「そうしたいところなんですが、ちょっと難しいんです」

「何が難しいんや。あの先生は内部監査でけへんのか？」

「いやいや、先生は優秀ですし、能力的には内部監査も問題ないとは思うんですけど、法律で規制があるんですよ」

「そんな法規制あるんか？」

「ええ、"公認会計士法"っていう法律で規制されているんです」

「ほぉー。で、内部監査について、どんな規制になってるんや」

「うちみたいな上場会社に、会計監査業務と内部監査の外部委託に関する業務を一緒に提供することはできないんです」

「なんで、そんな規制があるんかなぁ」

「内部監査もモニタリングという内部統制の１つで、会計監査人が会社の内部統制をチェックする際の対象になるのです。それを会計監査人がやると自己監査になってしまいますよね。また、本来、経営者が実施す

第Ⅰ編
内部監査態勢
構築への道

【参考】
　有価証券報告書提出会社等、規制対象の定めに該当する会社には、会計監査業務と同時に次のような業務を提供することはできないことが法律で定められている（公認会計士法第24条の2、公認会計士等に係る利害関係に関する内閣府令第5条）。この規定に反するとコンプライアンス違反になるので十分な留意が必要である。
（1）会計帳簿の記帳の代行その他の財務書類の調製に関する業務
（2）財務又は会計に係る情報システムの整備又は管理に関する業務
（3）現物出資財産（会社法第二百七条第一項に規定する現物出資財産をいう。）その他これに準ずる財産の証明又は鑑定評価に関する業務
（4）保険数理に関する業務
（5）内部監査の外部委託に関する業務
（6）証券取引法第二条第八項に規定する証券業
（7）有価証券に係る投資顧問業の規制等に関する法律（昭和六十一年法律第七十四号）第二条第二項に規定する投資顧問業
（8）前各号に掲げるもののほか、監査又は証明（法第二条第一項の業務として行う監査又は証明をいう。）をしようとする財務書類を自らが作成していると認められる業務又は被監査会社等の経営判断に関与すると認められる業務

べきモニタリング（内部監査）を、会計監査人がやると経営代行みたいになって第三者的立場が害されますよね。こういった考え方からできた法規制なんですよ」

「なるほど。社長もコンプライアンスを最重視してるし、阪田先生へのお願いはなしやなぁ」

「じゃ、われわれのスタンスとして、うちを見てくれてはる監査法人以外の大手監査法人から選ぶということにしましょう」

- ワンポイント・レッスン -

　大会社等（公認会計士法第24条の2、施行令第7条の4）に該当する会社は独立性違反にならないように留意が必要である。一般事業会社では、以下の会社が公認会計士法上の大会社等に該当する。
・商法監査特例法に基づく会計監査人監査の対象となる株式会社
　（資本の額が100億円未満かつ負債の額が1000億円未満の株式会社は除く）
・証券取引法監査の対象会社
　（非上場・非店頭登録の特定有価証券のみの発行者である会社は除く）

9. 外部アドバイザリーの選定

　前日の居酒屋での打合せを受けて、さっそく辻元と池野は、社長に指示されたとおり、「内部監査態勢の構築」に関してコンペを実施すべく、3つの大手監査法人へ提案依頼をかける準備に入った。

「辻元マネジャー、わたしから提案書の依頼をかけましょうか」
「いや、おれからするわ。こういうのは、ちょっとでも職位の高いモンから頼んだら、相手にもこっちの真剣味が伝わるからなぁ」
「へぇ、そんなもんなんですかぁ」
「そういうもんよ。それと、コンペを予定してて、ほかにも提案書をお願いしているところがあることも、伝えといたほうがええんやで」
「えっ、なんでですか？　そんなん、失礼になるんちゃいますのん？」
「よう考えてみぃや。競争相手がおることを伝えたほうが提案書づくりにもリキがはいるやろうし、うちが頼むのは1社だけで他は断らなあかんねんで。それやったら、最初から断る可能性があることも含めてオープンにしておいたほうがええやろ」
「なるほど。**提案書の作成依頼にあたっては、"より上役が依頼する" "コンペであることを伝える"** ことが大切なんですね」

　その日のうちに辻元は、当社の実情等、提案書作成に必要と思われる情報を提供した上で、3つの大手監査法人に提案書の作成を依頼した。
　2週間後、各監査法人から提案書が提出され、辻元と池野はすべての監査法人からプレゼンを受けた。その後、2人で提案内容、コストなどを総合的に判断した結果、担当者レベルでは監査法人アサヒにアドバイ

ザリーをお願いすることに決まった。

> **ワンポイント・レッスン**
>
> 　提案書作成の依頼を外部アドバイザリーにするにあたっては、自社の真剣さをしっかりと伝えるべきである。当たり前かもしれないが、真剣に取り組もうとするところには提案書提出段階から、より真剣に対応するのがプロフェッショナルの世界の常識である。

10. 内部監査態勢構築プロジェクトのゴール

　それから数日後、社長の承認をもらうため、監査法人アサヒの大前マネジャーによる社長向け最終プレゼンが行われた。

「社長、はじめまして。監査法人アサヒの大前です。本日は、プレゼンテーションの機会を頂戴しまして、ありがとうございます」
「いやいや、こちらこそ、お忙しいところ申し訳ないですな。ところで、プレゼンの前にひとつ確認しておきたいんですが、今回の件を監査法人アサヒさんにお願いしたとしたら、大前さんが担当してくださるんですか？」
「さすが、社長。ポイントを抑えていらっしゃいますね。アドバイザリーを依頼するときには、**どこに頼むかということと誰に頼むかということは非常に大切**ですからね」
「そうですな。以前に、一度痛い目にあったことがあるんで、それ以来、ご担当いただく方から直接プレゼンを受けて、その人に任せて大丈夫かどうか判断することにしてるんですわ」
「なるほど。本件に関しましてはわたくし大前と他に１〜２名のメンバ

ーでチーム編成し、貴社のサポートをさせていただく予定です」

「あぁ、それなら問題ありませんわ。そしたら大前さん、どうぞ本題に入ってください」

「わかりました。では、始めさせていただきます。まず、図表Ⅰ-6をご覧ください。辻元さん、池野さんとも事前に協議しまして、今回のプロジェクトの目的を"内部監査態勢の土台を構築すること"とさせていただいております」

「大前さん、途中で口を挟んでもよろしいですか」

「ご遠慮なく、どうぞ。少しでも引っかかったところがあれば、何でもきいてください」

「ほな、遠慮なく質問させてもらいますけど、そこの"内部監査態勢"っていうのが、ちょっとイメージしにくいですわ」

「そういうご指摘もあろうかと、その下に今回のプロジェクトのゴールとして図表Ⅰ-6に①〜④を書かせていただきましたので、そちらでご確認ください」

「なるほど。これなら少しイメージがつきますなぁ。ところで、③の"内部監査の実施にあたって必要な文書・様式等"って内部監査規程のこ

図表Ⅰ-6　本プロジェクトの目的

◆**内部監査態勢の土台を構築すること**
　①内部監査メンバーが内部監査に関する基礎知識を習得できている
　②標準化された内部監査業務が整備できている
　③内部監査の実施にあたって必要な文書・様式等が整備されている
　④内部監査が導入・実施されている

出所：筆者作成。

とですか？」

「いえっ、違います。監査計画書とか、監査報告書といった類のものです。ちなみに、内部監査規程は貴社としての内部監査の形が固まってから作成すべきと考えており、今回のプロジェクトでは対象外としています」

「わかりました（規程作成ぐらいやったら、うちの人間でも何とかなりそうやし）。」

「次に進めさせていただいてよろしいですか」

「はい、お願いします」

ワンポイント・レッスン

　初めて内部監査態勢構築に関するプロジェクトを立ち上げる際は、そのゴールをその基盤の構築にすると良い。付け焼刃的に規程を作ったりするよりも、その基盤をベースに、内部監査の高度化を図したほうがより実践的で実効性のある態勢づくりにつながるからである。

---

11. 内部監査態勢構築プロジェクトの全体像……●

「では、図表Ⅰ-7をご覧ください。本プロジェクトのアプローチですが、大きく〈Ⅰ．フレームワーク構築〉と〈Ⅱ．運用・定着化〉の2つのフェーズに切っています」

「フレームワークって、なんですか？」

「内部監査実務を運営していくための枠組みです。主に内部監査業務の流れを固め、必要な様式・フォーマットを作成します」

「要するに、内部監査のインフラづくりみたいなもんですか」

図表 I-7　本プロジェクトのアプローチ

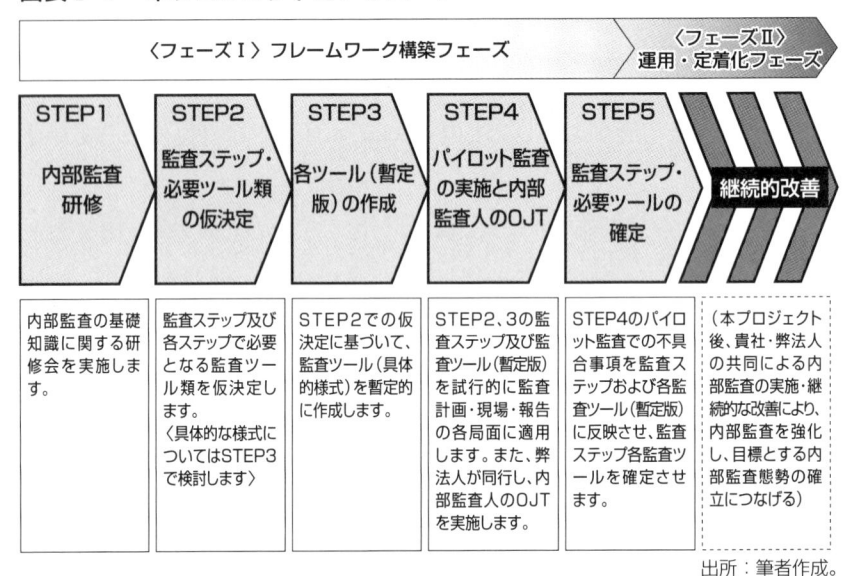

〈フェーズⅠ〉フレームワーク構築フェーズ　〈フェーズⅡ〉運用・定着化フェーズ

STEP1	STEP2	STEP3	STEP4	STEP5	継続的改善
内部監査研修	監査ステップ・必要ツール類の仮決定	各ツール（暫定版）の作成	パイロット監査の実施と内部監査人のOJT	監査ステップ・必要ツールの確定	
内部監査の基礎知識に関する研修会を実施します。	監査ステップ及び各ステップで必要となる監査ツール類を仮決定します。〈具体的な様式についてはSTEP3で検討します〉	STEP2での仮決定に基づいて、監査ツール（具体的様式）を暫定的に作成します。	STEP2、3の監査ステップ及び監査ツール（暫定版）を試行的に監査計画・現場・報告の各局面に適用します。また、弊法人が同行し、内部監査人のOJTを実施します。	STEP4のパイロット監査での不具合事項を監査ステップおよび各監査ツール（暫定版）に反映させ、監査ステップ各監査ツールを確定させます。	（本プロジェクト後、貴社・弊法人の共同による内部監査の実施・継続的な改善により、内部監査を強化し、目標とする内部監査態勢の確立につなげる）

出所：筆者作成。

「はい、そのようにお考えいただいて結構です」

「内部監査のやり方をご指導いただくというふうに辻元と池野から聞いてたんで、てっきり家庭教師みたいに横について指導していただくのかと思ってましたわ」

「確かに、横について指導し、OJT方式で内部監査の手法を身につけていただくことも大切かと思います。しかし、それだけでは、貴社の内部監査のノウハウが属人化してしまいますので、貴社の将来を考えると好ましくないと考えております」

「なるほど、確かにこれからメンバーも増やそうかと思ってますし、誰もが同じようなやり方でできるっていうのも重要そうですなぁ。すみません、また口を挟んでしまいましたわ」

「いえいえ。では、続けさせてもらいます。今回の作業の対象は〈フェ

第Ⅰ編
内部監査態勢
構築への道

ーズⅠ〉で、内部監査のフレームワークを整備し、試験的な意味も含めて一度、実際に監査するところまでを作業範囲としています」

「なんで、フェーズを分けて〈フェーズⅠ〉だけを対象にするんですか？　どうせやったら、１本の契約にまとめてしもうてもええような気がするんですけど」

「〈フェーズⅡ〉の運用・定着化フェーズをどのように進められるかは〈フェーズⅠ〉の結果を踏まえて検討する必要があります。現段階では例えば、貴社単独で実施すべきなのか、外部を利用すべきなのかも見えません。また、外部を利用する場合でも、どの程度利用するかなど、いろいろな選択肢が考えられます。ですから、まずいま見えているところまでを実施し、ある程度まで進んでから次を検討しようということです」

「なるほど、なるほど。不確定要因があるので、それが決まってから次を検討するってことですな」

「そのとおりです。そのほうが貴社にとっても都合がよいのではないかと思います」

「そうですな（確かに大前さんのいわはるとおりやなぁ。うまくいけば、次のフェーズは、うちだけでも何とかなるかもしれへんし……。この人、意外と誠実かもな）」

【参考】
　プロジェクトの成功要因として、さまざまなものがとりあげられているが、大きなプロジェクトほど経営トップの関与が重要な成功要因と一般に指摘されるケースが多い。これは、内部監査態勢構築についても同様である。

「では次に進めさせていただきます。図表Ⅰ-7ですが、〈フェーズⅠ〉のフレームワーク構築を５つの作業ステップに分けています。順に説明

37

していきますと……」

　大前は、図表Ⅰ-7に記載された内容についてざっと説明を行い、疑問点等がないか確認を行った。

「社長、ここまでで何かご質問等はありませんか」
「大前さん、度々申し訳ないんですけど、"監査ステップ"って何ですか？」
「内部監査にも当然ながら業務／作業の流れというものがあります。計画、実施、報告などの業務、また、それらの業務もさらに細かい作業に分かれます。その作業を監査ステップと呼んでいます。のちほど、もう少し具体的なイメージを紹介しますのでそちらでご確認いただければと思います」

　社長は、大前の説明に頷きながら質問を続けた。

「それと、"ツール"っていうのもよくわからないんですけど。自動的に監査をやってくれるITかなんかですか？」
「いえいえ、ツールというのは内部監査を進めていく上で必要な書式・様式などを意味しています。**人によって書式が違ったり、何度も使用する書式をいちいち作ったりするのは効率的ではないですよね。ですから、監査業務の中で使用が予定されるものについては統一的な書式・様式を作成しておきます。そうすれば、円滑に監査を進められるほか、書式・様式に沿って繰り返し記載を行うことで監査業務の理解が深まることも期待できるんですよ**」
「なるほど、監査を理解させる一手として、型にはめ込むというやり方

第Ⅰ編
内部監査態勢
構築への道

もあるってことですな」

「そのとおりです。"習うより慣れろ"式に監査を行い、その過程でさまざまなことを学習することも大切なのです」

「もう1つ訊きたいんですけど。パイロット監査っていうのはなんですか。まさか、飛行機の"パイロット"じゃ、ないですよね。すんません、横文字に弱くって」

「いえいえ、こちらこそ安易に横文字を使ってしまって申し訳ありません。パイロット監査というのは"お試し監査"を意味しています。たとえ机上で監査ステップや監査ツールを検討準備したとしても、それが実践で使えなかったり、使い勝手が悪かったりすることは珍しくありません。そのため、試しに実践してみよう、使ってみようというのがSTEP 4のパイロット監査です」

「なるほど。それを受けてSTEP 5があるってことですな。ようやく、今回のプロジェクトの全体像が見えてきましたわ」

┌─ ワンポイント・レッスン ──────────────┐
│ 本節で紹介しているプロジェクトの進め方はほんの一例にすぎないが、│
│プロジェクトを成功させるためには、プロジェクトの目的・ゴールに到│
│達するために、どういうステップを踏んでいくかについて、あらかじめ│
│具体的な検討を加え、それに沿って進めていくことが肝要である。   │
└────────────────────────────┘

12. まず、内部監査の基本を理解する ……………●

大前のプレゼンは、全体的な説明から各ステップの説明へ入っていった。

図表 I-8　STEP1：内部監査研修

このステップの目的
内部監査態勢を構築していくにあたり必要な内部監査の基礎知識を習得する。

貴社の作業
■研修会への参加

弊法人の作業
■研修資料の作成
■研修会の企画・運営（講師派遣）

出所：筆者作成。

「では、図表 I-8 の内容に入っていきたいと思います。まず、今回のプロジェクトの最初のステップとして、内部監査メンバーに基礎知識を理解していただくための内部監査研修を実施します」

「もう少し具体的には、どんな内容になりますか」

大前は、他のクライアントで使った内部監査の研修資料がカバンの中に入れたままになっていたことを思い出した。大前は、研修資料の目次部分（図表 I-9）を開いて社長の質問に答えた。

「これは、たまたま昨日使用した研修資料なのですが、貴社の場合は、この中の 1.～3.のような内部監査の基本概念について実施することを想定しています。もちろん、内容については事前に協議させていただき、すでによくご理解されている部分はカットしたり、ほかに必要な項目があれば追加したりしていきたいと考えています」

「わかりました。ところで、うちとは関係ないと思うんですけど、4.

第Ⅰ編
内部監査態勢
構築への道

図表Ⅰ-9　研修資料の目次

内部監査の基礎研修　―目次―
1．内部監査とは
　①意義、役割、目的
　②業務の内容
2．内部監査組織について
　①組織上の位置付け（独立性）
　②監査役・監査役会との連携
　③会計監査人との連携
3．内部監査業務の流れ
　①年度計画
　②個別実施計画
　③監査の実施
　④監査報告
　⑤フォローアップ
4．実践演習（ケーススタディ）
　①現金預金管理
　②販売管理
　③購買管理

出所：筆者作成。

に書いてあるケーススタディってどんな形の研修なんですか？」

「架空の業務（ケース）を設定し、研修参加者が内部監査人として現場での監査業務を疑似体験するというものです。帳票類、証憑類といった書面の監査が中心になりますが、監査に慣れるためには結構いい研修ですよ。今回、貴社での研修では予定していませんが、いずれ実施することも是非御検討ください」

「そうですね。じゃ、そのうちということで……（大前さんは、誠実な人やなぁ、と思っとったけど、商売っ気もあるんやなぁ）」

> **ワンポイント・レッスン**
>
> 内部監査態勢を構築するにあたっては、まずは内部監査の基本的な理解をする上で、メンバー全員が内部監査とはどういうもので、それは通常どのようなプロセスで進めていくのか等、について理解しておく必要がある。本節では、ケーススタディを研修内容に入れているが、これは実際のメンバーの現状での理解度によって基礎研修に入れるかどうか検討する必要がある。

13. 監査ステップと必要ツールを仮決めする ……●

大前は、図表Ⅰ-8に記載された作業分担の説明をした上で、STEP 2（図表Ⅰ-10）の説明へ進んだ。

「続きまして、図表Ⅰ-10のSTEP 2です。ここでは、監査ステップ／必要ツール類を仮決定します」

「どういうふうに監査を進めるのか、それと監査を進める上で必要なツールを作っていくというわけですな？」

「いえ、ここではまだ書式・様式といったツールそのものは作成しません。どのようなツールが必要かということを検討し、監査業務の流れと必要なツールを体系的に整理するのが、ここでの作業になります」

そこまで説明した大前は、社長の顔色から内容が十分に伝わっていないことを読み取り、さらにこう続けた。

「少しわかりづらいと思いますので、その次の図表Ⅰ-11を見てくださ

い。STEP2の成果物イメージを記載しています」

「大前さん、表の見方を説明してもろても構いませんか」

「承知しました。まず、左から7列目までですが、監査ステップを大・中・小の3区分に分けて監査の作業内容を記載しています。監査業務を分解し、どのような作業をどのような手順で進めていけばよいかがわかるように整理したものです」

「監査計画とか監査実施といわれても何をやるのか、ようわかりませんけど、これぐらいまで作業を分解すると、どんなことをやるのか、ようわかりますな。今はやりの言葉でいうと内部監査業務の"見える化"ってとこですかねぇ」

「そんなところですね」

大前は引き続き、図表Ⅰ-11の説明を続けた。

「右側の列についてですが、〈何のためにその作業をするのか〉という

図表Ⅰ-10　STEP2：監査ステップ／必要ツール類の仮決定

このステップの目的
監査ステップを標準化するために内部監査のフレームワーク／アプローチを明確にするとともに、実務上必要な監査ツール類を特定する。

貴社の作業	弊法人の作業
■弊法人と協議のうえ、監査ステップ・必要ツール類を決定	■監査ステップ及び必要ツール一覧のたたき台の提示（図表Ⅰ-11参照） ■各種ツールサンプルの収集・提示 ■監査ステップ・必要ツール類の決定にあたって貴社と協議・アドバイス

出所：筆者作成。

図表Ⅰ-11　STEP2：成果物イメージ

大No.	ステップ大	中No.	ステップ中	小No.	ステップ小	作業内容	作業
Ⅲ	監査計画	1	監査実施計画	①	監査実施計画書の作成	■監査期間・日程・監査担当者の作業分担の策定 ■被監査事業部への日程調整、対応者確保の依頼 ■監査費用の見積り ■内部監査室長および事業部長に監査実施計画の承認・合意を得る	■事前に内事業部長ことで、実施する
				②	監査実施計画の通知	■監査日程・目的・対象・範囲・作業担当者、往査場所等の本調査に関する事項を記載した監査通知書の作成 ■被監査部門に監査実施計画を通知 ■事前質問書（想定リスクリストに対する対応策についての質問）の依頼	■対応者の確保の依監査を実
		2	具体的な監査手続の策定	①	監査手続策定のためのプロセスリスク検討会議	■内部監査室内で監査手続に落とし込むべきプロセスリスクについて協議	■プロセスした監査
				②	データ分析	■分析対象データの選定 ■分析手法の決定（DDLの検討） ■異例取引の特定（サンプリング：本調査で確認するデータ・帳簿の抽出）	■効率的なのための
				③	監査手続書の作成	■想定リスクリスト等により本調査で実施する具体的な監査手続を決定 ■本調査で使用する資料のリストアップ・依頼	■監査目的た、効率実施のた

第Ⅰ編
内部監査態勢
構築への道

目的	作業実施者	作業タイミング	対応部署	ツールNo.	ツール	作業結果
部監査室長、の合意を得る監査を円滑に	内部監査室	遅くとも監査実施3週間前	被監査部門担当者事業部長	Ⅲ.1.①.A	■監査実施計画書（雛形）	■監査実施計画書
スケジュール頼、効率的な施	内部監査室		被監査部門責任者、担当者	Ⅲ.1.②.AⅢ.1.②.B	■監査通知書（雛形）■事前質問書（雛形）	■監査通知書■事前質問書
リスクに対応手続の策定	内部監査室		N/A		△想定リスクリスト	△想定リスクリスト
本調査の実施サンプリング	内部監査室		システム担当者	Ⅲ.2.②.A	■ACLなどの分析ツール■データ分析・サンプル抽出時の着眼点	■分析結果■サンプリング結果
・範囲に即し的な本調査のめ	内部監査室		N/A	Ⅲ.2.③.AⅢ.2.③.B	■監査手続書作成の手引き■監査手続書（雛形）■事前準備依頼資料リスト(雛形)	■監査手続書■事前準備依頼資料リスト

出所：筆者作成。

作業目的、〈誰がいつその作業を実施するのか〉という作業実施者と作業タイミング、〈どの部署に対して作業を実施するのか〉という対応部署、〈どのようなツールを用いてどのようなアウトプットを出していくのか〉というツールと作業結果を示しています」

「大前さん、この表、よう見てみると５Ｗ１Ｈっていうやつですな」

「さすが社長。鋭いですね。この表のように、**内部監査業務に関する５Ｗ１Ｈを整理する**ことが**内部監査態勢の基盤づくりにおいては重要**だと我々は考えています。いかがですか。これで今回のプロジェクトでのSTEP 2の作業内容をだいたいおわかりいただけたでしょうか」

「ええ。成果物のイメージを見せていただいてようわかりましたわ」

大前は、作業内容に続き、STEP 2における監査法人アサヒの役割の説明に入った。

「では、図表Ⅰ-10に戻っていただいて、作業の役割分担を説明させていただきます。まず、我々のほうで監査ステップ／必要ツール一覧のたたき台を提供させていただきます。そのあと、貴社とともに協議・検討を行って、監査ステップ・必要ツールを整理していきます」

「ちょっとよろしいですか。辻元や池野は内部監査の"な"も知らんド素人なんですよ。図表Ⅰ-11に書かれている監査計画書とか監査通知書とかいわれてもどんなもんかも全然わかりませんし、協議・検討なんてでけへんと思いますが……」

「はい。そのため、我々のほうで各種ツールのサンプルを提示することにしています。もちろん、サンプルに関して必要な説明もさせていただきます。これをベースにして、我々と貴社とで必要性などを協議・検討していきたいと考えています」

第Ⅰ編
内部監査態勢
構築への道

「あっ、よう見たら資料に書いてありますな。これなら、大丈夫やと思いますわ。ここでの検討でうちの会社にフィットするような、監査ステップ／必要ツールが決まるわけですな」

「そうです。**我々が提示するのは、あくまでもたたき台です**。これをもとにして、貴社のご要望、事情等を考慮して貴社と弊社の**共同作業でカスタマイズをしていくというわけです**」

「もひとつ、よろしいですか。ここでは"仮決定"となっているのはなんでですか」

「後ほどでてまいりますが、このプロジェクトでは、監査ステップや必要ツールをパイロット監査で実際に使ってみて、見直すことを想定しています。その関係で、STPE2では"仮決定"という位置付けにしてあります」

「なるほど、わかりました」

ワンポイント・レッスン

監査ステップ（監査を進めていく上での手順のようなもの）を標準化し、実務で監査を進めていく上で有用なツール類（監査実施計画書、事前質問書等）を備える必要がある。本節では仮決めしてから、実際使用して見直しをかけるような進め方を採用しているが、プロジェクト後も実務にあわせて適宜見直しをかけていくことも忘れてはならない。

---

14. 過度の外部依存は厳禁

引き続き、大前はSTEP3（図表Ⅰ-12）の説明に入り、ステップの目的、作業内容など、ひととおりの説明を終えた。社長の口からコメントが出た。

47

「作業分担の確認なんですが、うちがたたき台の修正を行って最終形に仕上げるんですよね。辻元や池野にできるのか心配なんですが……」

「そのあたりはご安心ください。貴社の作業結果をわれわれがチェックして、コメントしますので。ただ、社内でできることは社内で行っていただきます。そうしないと外部依存体質になりがちになって、貴社にノウハウが溜まらないおそれもありますし、無駄なコストを払うことにもなりますから」

「きちんと最後まで面倒を見ていただけるということなので安心しましたわ。それに内部監査にばかりお金をかけるわけにはいかないので、うちでできることはできる限り社内でやるようにします」

図表Ⅰ-12　STEP3：各ツール（暫定版）の作成

このステップの目的
　監査ステップにおける実務遂行（監査計画〜監査報告）にあたって必要なツール（フォーマット類等）を作成する。
　研修会を開催することで、監査ステップ、ツールに関して内部監査メンバー全員が共通理解する。

貴社での作業	弊法人の作業
■弊法人との協議後、提供をうけた各ツール（たたき台）を修正・最終化 ■研修会への参加	■STEP2での決定に基づいて、各ツール（たたき台）を作成・提供・貴社との協議 ■研修会の企画・運営（講師派遣）

（注）
■監査ツールの中の監査プログラム（監査手続書）については、弊法人が「監査プログラム作成の手引き」のたたき台を作成し、貴社と協議のうえ、貴社で修正・最終化していただきます。
■STEP4のパイロット監査の実施にあたって、弊法人が監査プログラム（監査手続書）作成についてアドバイスを行います。

出所：筆者作成。

> **ワンポイント・レッスン**
>
> 外部アドバイザリーを利用する場合は、自社にノウハウが残るようになっているかが非常に重要である。外部アドバイザリーのプロジェクトでの立ち位置も重要であるが、自社の担当者も当初は戸惑ったとしても、積極的にプロジェクトに参画しなければノウハウは残らなくなることを意識する必要がある。丸投げ厳禁、これが外部アドバイザリーを使うさいのポイントである。

15. 監査プログラムって？

社長はさらに質問を続けた。

「図表Ⅰ-12の下の（注）が、先ほどの説明ではよくわからなかったのですが……。"監査プログラム"っていうのを、もうちょっと噛み砕いて説明してもらえませんか？」

「"監査プログラム"とは、監査現場で実施する監査の手続の予定を記載したものです」

「子供の運動会のプログラムみたいなもんですな」

「事前に何をするのか検討しておくという意味では同じですが、監査の場合は、そのときの状況次第で追加の手続を実施するなど、よりフレキシブルな対応が要請されます。それを忘れて事前に決めたことだけ粛々とこなすというのでは本当の意味で実効性のある監査は望めませんからね」

「そんなフレキシブルな対応が必要なら、わざわざ監査プログラムなんて事前に用意せず、現場でやったらよろしいんでは？」

「いえいえ、現場に行ってから何をするのか考えていたのでは監査作業が著しく非効率になってしまいます。現場での監査の作業時間は限られています。その限られた時間の中でどこまでの監査ができるかが勝負なのです」

「なるほど、**監査作業の効率化のために監査プログラムを準備し、現場に出てから状況に応じて必要な修正を加えて監査作業をやるというのがポイント**なわけですね」

「監査プログラムを作成する狙いは、監査作業の効率化だけではありません。監査の質の確保という観点からも、監査プログラムは大切です」

「どういうことですか？」

「あらかじめ実施すべき監査作業を決めておけば、どのような内部監査人であっても、その作業を実行することで、ある一定レベル以上の監査水準が期待できます。この意味で監査プログラムは重要だということです」

「大前さん、監査プログラムの必要性は、ようわかりました。では、なぜ、その重要な監査プログラムすべてを今回のプロジェクトで作成せず、"作成の手引き"だけで済ましてしまうんですか」

「次の図表Ⅰ-13のSTEP3の成果物イメージをご覧いただけますか。右側に"監査プログラム作成の手引き"のイメージを記載しています。その一番下のところでテスト手続を3つほど例示してありますが……」

「このテスト手続というのが"監査作業でやるべきこと"ちゅーわけですな」

「そのとおりです。ご覧いただいておわかりになると思いますが、どんなことをチェックの対象にするかによってテスト手続が異なるため、膨大なパターンのテスト手続があります。そのためすべてのテスト手続を今回のプロジェクトで事前作成するというのは無茶な話なんですよ」

第Ⅰ編 内部監査態勢構築への道

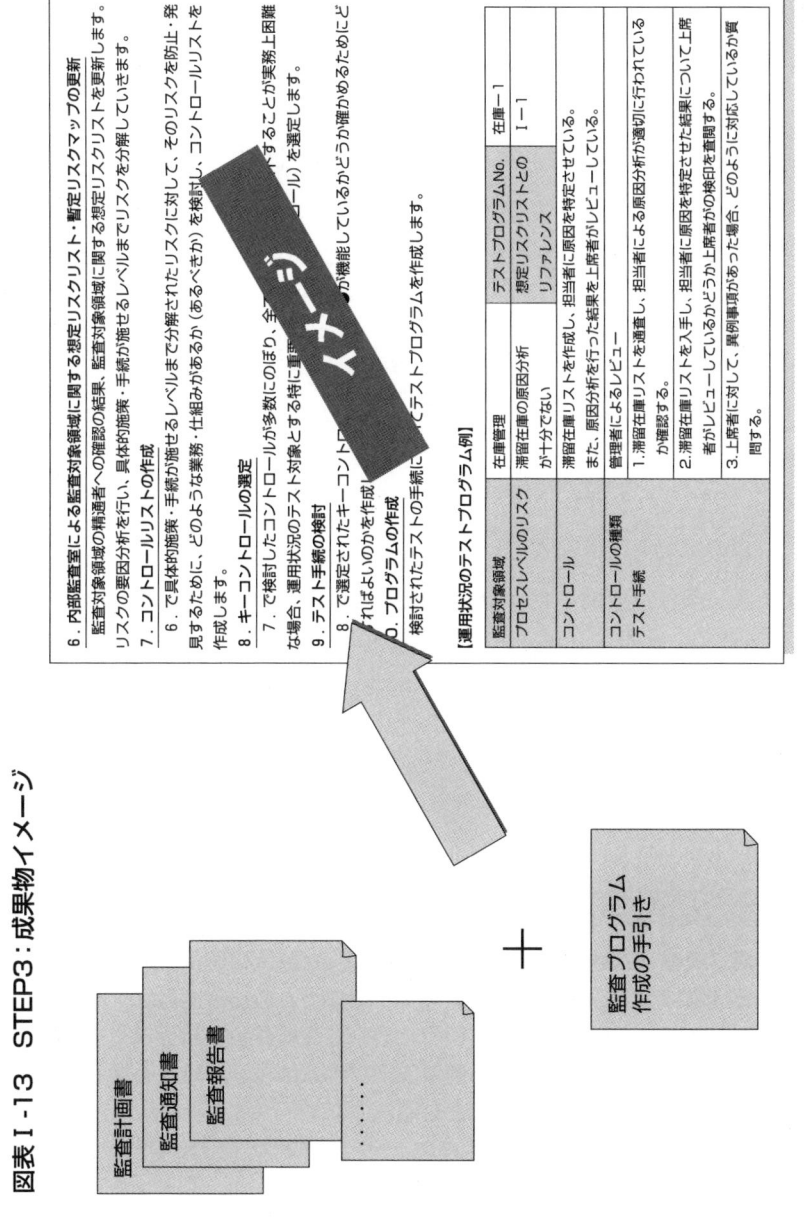

図表Ⅰ-13 STEP3:成果物イメージ

6. 内部監査室による監査対象領域に関する想定リスクリスト・暫定リスクマップの更新

監査対象領域の精通者への確認の結果、監査対象領域に関する想定リスクリストを更新します。リスクの要因分析を行い、具体的施策・手続が施せるレベルまでリスクを分解していきます。

7. コントロールリストの作成

6. で具体的施策・手続が施せるレベルまで分解されたリスクに対して、そのリスクを防止・発見するために、どのような業務・仕組みがあるか(あるべきか)を検討し、コントロールリストを作成します。

8. キーコントロールの選定

7. で検討したコントロールが多数にのぼり、全(略)……することが実務上困難な場合、運用状況のテスト対象とする特に重要(略……ロール)を選定します。

9. テスト手続の検討

………(イメージ)…

8. で選定されたキーコント(略)……が機能しているかどうか確かめるためにどう………(略)……テストプログラムを作成します。

【運用状況のテストプログラム例】

監査対象領域	滞留在庫の原因分析がされていない	テストプログラムNo. 想定リスクリストとのリファレンス	在庫-1 Ⅰ-1
プロセスレベルのリスク			
コントロール	滞留在庫リストを作成し、担当者に原因を特定させている。また、原因分析を行った結果を上席者がレビューしている。		
コントロールの種類	管理者によるレビュー		
テスト手続	1. 滞留在庫リストを通査し、担当者による原因分析が適切に行われているか確認する。 2. 滞留在庫リストをレビューし、担当者に原因を特定させた結果について上席者がレビューしているかどうか上席者の検印を査閲する。 3. 上席者に対して、異例事項があった場合、どのように対応しているか質問する。		

監査計画書
監査通知書
監査報告書
……

＋

監査プログラム作成の手引き

出所:筆者作成。

「だから監査プログラムの作り方を固めておこうというわけですな。しかし、この例示くらい詳細に手続を検討しておかないといけないんですかねぇ」

「どのくらい詳細にするかは、今後詰めていく必要があります。先ほどお話しましたように、効率性と品質維持という目的からレベル感を検討していけばよいかと思います」

「監査プログラムを見たら、うちの監査人が現場で何をしたらええのかがわかるレベルの共通言語で書かれていればええということですね」

「そうです。逆にいうと、何をすればよいのかわからないような、あいまいな内容の監査プログラムを作成してしまうと、作るだけ無駄になりかねないということです」

「なるほど。わしは、ようわかったけど、辻元君、池野君は大丈夫かぁ。やるのは君らなんやで」

辻元は、条件反射的に何か発言しないといけないと考え、こういった。

「パイロット監査で具体的な監査プログラムの作成についてアドバイスをいただけるってことですから、そこできちんと習得しますので、ご心配無用ですよ。社長」

「相変わらず、調子のええやっちゃなぁ。たのんだで。辻元君、池野君」

ワンポイント・レッスン

監査プログラムは、監査の「作業効率化」と「質の確保」の両方の観点から非常に重要なものとなる。監査プログラムの作成能力は、実際の監査でつちかった経験がものをいうため、監査経験者からうまく技術移転を受ける必要がある。また、監査プログラムは再利用できる場合も多く、内部監査部門の財産の1つとなる。

16. パイロット監査をやってみる

大前は次の説明に進んだ。

STEP 4（図表Ⅰ-14）の作業が、①STEP 3 までに検討準備した監査ステップ・ツールを実際の監査に適用して実務上の支障がないか確認するステップであることや、②パイロット監査を通じた監査人のＯＪＴであることなどを説明した。

「大前さん、またいくつか教えていただいてよろしいですか」
「はい、どうぞ」
「パイロット監査としては、どこを対象にすればええんですかねぇ」

図表Ⅰ-14　STEP4：パイロット監査の実施と監査員のOJT

> **このステップの目的**
> 共通理解した監査ステップ、ツールを実際の監査に適用し、実務適合性を確認する。貴社が弊法人と共同で監査を実施（監査計画～監査報告）することで、監査員のＯＪＴを行う。

貴社での作業
- 弊法人と協議のうえ、内部監査を主体的に実施
  - 監査プログラムの作成
  - 事前ミーティングの実施
  - フィールドワークの実施
  - 監査報告書の取りまとめ
  - 監査報告会の実施

弊法人の作業
- 監査プログラムの作成についてのアドバイス（レビュー・助言）
- 事前ミーティング・フィールドワーク・監査報告会への立会（オブザーバー）
- 貴社との各種協議

（注）
- 共同で実施するパイロット監査は、フィールドワーク２回を想定しています。
- 監査報告後のフォローアップ作業については今回のプロジェクトの対象外です。

出所：筆者作成。

「監査ステップとツールの使い勝手、良し悪しを確かめるのが第1の目的ですから、比較的親しみのある業務を対象にするのがよいかと思います。例えば、営業とか……」
「それと、フィールドワーク2回を実験台にするっていわはりましたけど、フィールドワークって何ですか」
「フィールドワークは現地で行う監査作業を意味します」
「ほーぅ。現場への監査にも立ち会ってもらえるんやったら、パイロットは1回でもよろしいんちゃいますの？（そっちのほうが安上がりのはずやし）」
「いえ、たまたま例外的なケースにあたる場合もありますので、1度だけでなく最低2度ぐらいの実施を我々は推奨しています」
「確かに。監査を受ける側の協力姿勢とかにも影響されそうやし、2回ぐらいは、やってもろたほうがええかもしれませんな。それと、ついでに訊いときたいんですけど、その下にある"フォローアップ"ってなんですのん？　プロジェクトの対象外になってますけど？」
「フォローアップというのは、監査で発見され、改善が必要と判断された事項について、事後的にきちんと是正されたかどうかを確認する作業です。これは専門的な知識・ノウハウは特に必要ありませんので、我々が関与する必要もないかと思いまして、プロジェクトの対象外とさせていただきました」
「なるほど。アフターフォローですな。それなら、うちだけでも、できそうですわ。それともう1つええですか。ちょっと話は変わりますけど、大前さんトコの作業の2つ目の作業のところにオブザーバーってありますよね。これって、どんなことをやってもらえるんですか」
「内部監査は基本的に貴社の内部監査メンバーの方にやっていただくのが前提ですが、最初のうちは貴社だけで実施するのはなかなか難しいと

思います。そこで、事前ミーティング、フィールドワーク、報告会で貴社の内部監査の方の横について、監査人にアドバイスしたり、監査人のフォローをしたりして監査人のOJTになるようなサポートをさせていただきます」

「そりゃ、ええですな。監査法人アサヒの方が、うちの監査メンバーの"家庭教師"みたいな感じでご指導いただけるってことですな」

「そうです。それに加えて、貴社の内部監査メンバーが作成された成果物、例えば、内部監査報告書などの内容チェック（レビュー）もさせていただきます」

「"家庭教師"だけやなく、"赤ペン先生"もやってもらえるわけですな」

「社長、うまいことおっしゃいますね。それ、いただきです。今度から使わせていただきます」

ワンポイント・レッスン

外部内部問わず、通常経験知を他者に移転するためには、OJTが有効な手段となる。したがって、内部監査のツールを実務に適用しつつ担当者の育成を図る場合などは、パイロット的に代表的な業務を対象に経験者と初心者が一緒になって監査作業を実施することが有効である。ただし、経験知を技術移転するのは容易ではないため、OJTを積み重ね、人材育成を図っていく必要がある。

---

17. 監査ステップと監査ツールを確定させる ……●

続けて大前からSTEP 5（図表Ⅰ-15）の説明が行われた。STEP 5はSTEP 4のパイロット監査の結果を受け、監査ステップおよび監査ツー

図表Ⅰ-15　STEP5：監査ステップ、監査ツールの確定

このステップの目的
パイロット監査の結果、検出された不具合事項について対応の要否を検討の上、監査ステップに必要な修正を加え、貴社の監査フレームワーク、ツールを最終化する。

貴社での作業
■弊法人と協議のうえ、監査業務フロー・各種監査ツールの雛形を確定

弊法人の作業
■パイロット監査での不具合事項について貴社と協議

出所：筆者作成。

ルに必要な修正を加えて内部監査フレームワークを決定するステップであるということである。これに関して、花月社からは特に質問はなかった。

ワンポイント・レッスン

監査を実際にやってみる、やってみた監査を通じて得られた知見を従来の監査のやり方に反映する。このフィードバック作業を継続していくことが、内部監査態勢を構築していくにあたって重要なポイントである。

18. 内部監査は1日にしてならず！

社長の忌憚のない発言もあり、関係者全員がプロジェクトの内容についておおむね共通の理解ができたようだった。説明会の最後に社長がいった。

「いやぁ、本日はありがとうございました。プロジェクトの内容はよく理解できました。大前さんなら、お任せしても安心です。是非、大前さ

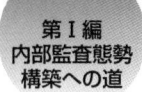

んトコにこのプロジェクトをお願いしたいと思います」
「それは正式にご発注いただいたという理解でよろしいですか」
「はい、結構です。早速来週からでも作業にとりかかってください。1ヵ月ぐらいあれば、できるんでしょ」

大前はスケジュールの説明を飛ばしていたことに気付いた。

「すみません、社長。スケジュールのお話を忘れていました。最後の図表Ⅰ-16が現時点で想定しているスケジュールです」
「えらい長いことかかるんですねぇ。6ヵ月間ずっとですか？」
「いえいえ、矢印は所要期間をしており、この期間でミーティングを行ったり、成果物の作成、レビュー、修正のキャッチボールをしたりということになります。したがって、べったり6ヵ月という意味ではありません」

図表Ⅰ-16　概要スケジュール案

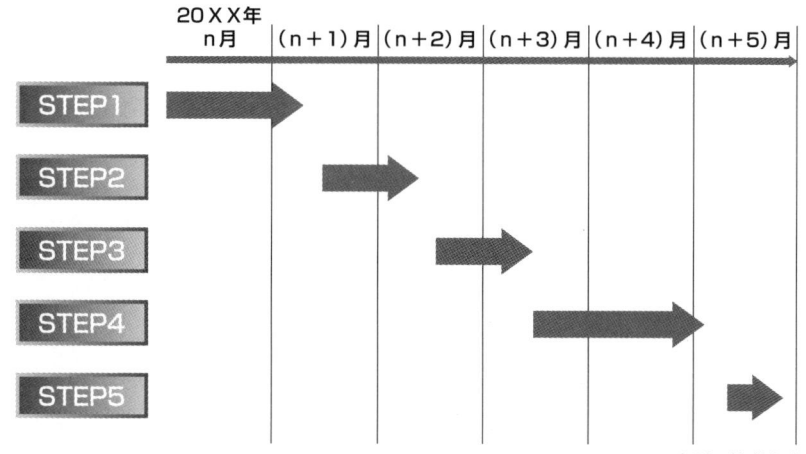

	20ＸＸ年 n月	(n+1)月	(n+2)月	(n+3)月	(n+4)月	(n+5)月
STEP1	→					
STEP2		→				
STEP3			→			
STEP4				→		
STEP5						→

出所：筆者作成。

「わたしには、ようわかりませんけど、大前さんがそういわはるんやったらそれぐらいかかるんでしょうなぁ。まぁ、しかし6ヵ月で、うちの内部監査態勢が完璧になるんやったら上出来ですわな」

「ちょっと待ってください、社長。内部監査態勢に完璧はありませんよ。特に、いまのように外部環境や内部要因に変化が激しい時勢には経営も変化するでしょうし、内部監査もそれについていかねばなりません。そのためには、内部監査態勢構築についても絶えず、計画（P）を立てて、実行（D）する。実行したら要改善事項がないかチェック（C）し、改善のためのアクション（A）を起こす。いわゆるPDCAを実践し、内部監査機能を継続的に改善していくことが、目標とする内部監査態勢の構築には不可欠なんですよ」

「内部監査にもスパイラルアップが必要というわけですな」

「そうです。今回のプロジェクトはスパイラルアップを図っていくための内部監査の土台を作るに過ぎません。それをお忘れないようにお願いします」

「わかりました。今回のプロジェクトの成功、ひいては内部監査態勢の構築に向けて、うちも頑張りますんで、大前さん、是非サポートお願いします」

「かしこまりました。一緒に頑張りましょう！」

こうして、プロジェクトは嶋木社長による正式承認を受け、スタートを切ることになった。

プロジェクトのスタートと同時に、営業担当マネジャー辻元は内部監査担当マネジャーの辞令を受け、内部監査準備室も正式に内部監査室として承認された。また、池野主任も当面の間、辻元のサポートを続けることになった。

> **ワンポイント・レッスン**
>
> 　内部統制報告制度がそうであるように、内部監査を取り巻く環境も日々変化している。内部監査態勢についても、PDCAのサイクルを回していくことで、監査機能の質を向上させていく必要がある。そういう意味においても、インフラ整備時にPDCAサイクルを実務に組み込んでおくことは非常に意味のあることである。

19. 監査の基本技法──聴く、書く

　プロジェクトの開始から6ヵ月が経過した。プロジェクトはスタート当初から予定どおり順調に進み、2回のパイロット監査も無事終了していた。パイロット監査から1週間後の今日は、パイロット監査の実施結果について協議するため、監査法人アサヒの大前が花月社の辻元マネジャーを訪問する日であった。

　「大前さん、先週はお疲れ様でした。また、ありがとうございました。お蔭さまで2回のパイロット監査でいろいろと勉強になりました」

　「それで、いかがでしたか。STEP2と3で検討準備した監査ステップと監査ツールは？」

　「十分検討したこともあって、だいたい想定どおり使えると思います。ただ、実際に現場で監査をやってみて難しいなぁと思ったのはインタビューの仕方です。内部監査の市販本なんかを見ても、なかなか載ってませんしね」

　「うちの内部監査のノウハウの1つにインタビューを実施する上でのガイドライン的なものがあるので、それをまとめてチェックリスト式に仕

立ててきましょうか」

「あぁ、そういうのがあれば、助かりますわ。よろしくお願いします」

「他には何か感じましたか？」

「そうですねぇ。入社してこの方、あまり報告書っていうものを作成したことがなかったので、どんなふうに書けばよいか苦労しましたわ。報告書の様式が決まっていても中身をどう書くかは別もんですよねぇ。報告書のチェックリストなんかもあれば、うれしいんですけど」

「それもありますよ」

「大前さんとこは、監査に関するもんやったら何でもありそうですなぁ」

「まぁ一応、監査法人ですし、国際的な会計事務所のメンバーにもなってますからね。多くの人が必要性を感じるもので汎用的なツールであれば、だいたい備わっていると思いますよ」

「いやぁ、今回のプロジェクトを監査法人アサヒさん、特に大前さんに頼んでよかったですわ」

「そうおっしゃっていただければ、アドバイザリー冥利に尽きます。では、報告書のチェックリストも用意しますね」

「はい。よろしくお願いします。ところで、インタビューや監査報告書のチェックリストを用意していただいても、追加の報酬は要らないのですか？」

「えぇ、プロジェクトの作業対象範囲内のことですし、そんなに時間もかかりませんから、追加の報酬は結構ですよ」

「ありがとうございます」

それから2週間後、大前は辻元から依頼されたインタビューと報告書のチェックリストを持参し、花月社を訪問した。大前は、鞄の中から資

料（図表Ⅰ-17）を取り出し、辻元に提示しながら話を切り出した。

「前回の打合せで宿題になっていたインタビューと報告書のチェックリストをお持ちしました。まず、インタビュー用のものですが、これは、私どもの法人のノウハウをベースに貴社用に少し加工してチェックリスト化したものです。一度、内容をご確認いただけますか？」

図表Ⅰ-17　インタビュー・チェックリスト

	OK	NG	N/A
1. 事前準備の妥当性			
◆監査対応者の選定は適切だったか。			
●確認したい事項について、事前に選定した方から的確な回答を入手できたか。			
◆各作業に割り当てた見積（予定）時間は適切であったか。			
●大幅な時間延長はなかったか。（予想外の問題等が検出された場合を除く）			
●時間があまりすぎることはなかったか。			
●インタビューは長時間連続して行われていなかったか。			
✓同一人物に長時間のインタビューが必要になった場合には、数回に分けて実施するほうが、相互の負担も軽く効率的・効果的。			
2. 基本姿勢・スタンス	OK	NG	N/A
◆監査人の威厳を保持しつつ、監査対応者が自由に発言できる環境・雰囲気を作っていたか。			
●下手（したて）に出すぎた態度、自信なげな言動はなかったか。			
✓監査人はバカにされてはいけない。			
●威圧的・高圧的な態度、横柄な言動はなかったか。			
◆不具合を追及するのではなく、業務改善について協力的に考えるという姿勢で臨んでいたか。			
●相手が日々の業務遂行上で感じている不満や提案を聞いていたか。			
✓包括的な質問により現時点で抱えている問題点・課題点等を掬い上げることも必要。			
3. インタビュー・プロセス	OK	NG	N/A
◆インタビューの実施過程で、以下のようなことができていたか。			
●事前に依頼した帳票類、資料等があれば、揃っていることを確認の上、インタビューに入ったか。			
●必要に応じて事前に選定した方以外（関連部署の方等）にもインタビューを実施したか。			
●相手の話をよく聞き、内容を確実に把握・理解していたか。			
➡重要な事項に関する説明について自分の理解が正しいことを確認			

していたか。
　　　　✓知らない専門用語・社内用語があれば、その都度確認する。
　　　　✓相手の説明が不明瞭な場合、「つまり○○ですよね」といった言い換え等によって、把握した事実内容を確認する。
　　➡監査対応者の話がひと通り終わってから、内容に対する質問をしていたか。
　　　　✓できるだけ相手に話させ、監査人が話しすぎてはいけない。
● テーマ（確認したい事項）に沿った質問およびその回答・説明となっていたか。
　　➡テーマ外のやりとりに長時間割いていなかったか。（長い時間、話が脱線していなかったか）
● 話がテーマから逸脱した（しそうになった）場合、タイムリーに話題の軌道修正ができていたか。
● 仮説をたて、それを検証するように質問を行っていたか。
　　➡問題を想定したインタビューを行っていたか。
　　➡他のインタビュー者が別の質問をすることにより、インタビューが遮断されることがなかったか。
　　　　✓一連の質問・回答のやりとりが完了する前に話題が変わることで、インタビュー者の仮説検証作業が消化不良となる場合がある。
　　➡必要以上に誘導尋問が繰り返されていなかったか。
　　　　✓監査人は問題点の検出を意識するあまり、一方的に話を誘導したり見方が偏向したりするケースがあるので要注意
● オープン・エンド形式（イエス、ノー形式でない）質問を十分行っていたか。
　　　　✓イエス・ノー形式の質問は、ともすれば誘導的な質問になったり、監査人の質問を理解せずに回答が行われたりするケースもある。
● 必要なメモを取っていたか。
　　　　✓問題点、後で作業すべき事項、その他必要なメモを残すことは、監査人の基本スキルとして重要。

出所：筆者作成。

　辻元はざっと記載内容の確認を行い、納得顔でいった。

「これはいいですね。非常に参考になります。もう少し、うち用に加工が必要かもしれませんが、今後の内部監査で使えそうですね」

大前は提示したインタビュー・チェックリストに辻元が満足していることを確認すると、続けて監査報告書のチェックリスト（図表Ⅰ-18）も提示し、辻元に内容確認を求めた。

「こちらは監査報告書のチェックリストです。これも、貴社用に少しアレンジを加えさせていただいたのですが……」

監査報告書チェックリストについても、辻元は非常に満足した様子であった。

図表Ⅰ-18　監査報告書チェックリスト

1. 様式について

チェックポイント	Yes	No
□コミュニケーションしやすいように、発見事項（検出事項）を「重要性」「サブプロセス」「発見事項のタイプ」別に構成しているか。 【発見事項のタイプの例示】 　●効果的な情報管理 　●資産の保全 　●法令等の遵守 　●ビジネスプロセスの有効性・効率性　など		
□監査報告書の最初の数ページにトップレベルの読者のニーズを満足させるようにレイアウトされ、残りの部分でより詳細な内容を記載しているか。 【報告書レイアウトの例示―全ての区分が必須ではない】 　●表紙 　●目次（任意） 　●監査の目的 　●監査の対象範囲 　●結論 　●監査結果の要約 　●監査作業の結果 　●バックグラウンド情報 　●詳細な監査範囲（必要な場合） 　●付録・図示		
□監査報告書を構成する場合、最初のページに監査の目的、範囲、結論が記載されているか。		

✓この区分が上級管理者に配付するために、報告書本体から切り離されたとしても、エグゼクティブ・サマリーとして成立するか。 ✓上級管理職や役員が望むような簡潔で、総括的結論を示すような内容になっているか。 （注）通常使用される監査報告書として、いくつかの違った様式のものがある。 　　➡プレゼンテーション形式 　　➡表形式 　　➡文章形式		

2．内容／スタイルについて

チェックポイント	Yes	No
□適切か？ ●読み手の関心を引くことを目標とした報告書になっているか。 ●キーとなる思い（アイデア）を強調できているか。		
□説得力があるか？ ●読み手を納得させるのに十分なサポート（資料、データなど）を提示できているか。 ●発見事項による影響を記載しているか。 ●改善提案のベネフィットを記載しているか。 ●発見事項の影響を定量化しているか。		
□建設的か？ ●客観的で建設的なトーンになっているか。 ●問題の原因を特定しているか。 ●前向きのアイデアを出しているか。 ●長所と短所のバランスはとれているか。 ●必要な情報に限定しているか。 ●事実とその影響の記載があいまいな表現になっていないか。		
□結果追求型か？ ●発見事項に関する改善活動を述べているか。 ●未解決の課題について特定の改善活動を要求しているか。		
□直接的な表現になっているか？ ●キーとなるメッセージを直接的に表現しているか。 ●1回読んだだけでメッセージが明確に伝わるか。 ●有用なヘディングを使用しているか。 ●読み手の注意と関心を引き寄せることができるか。		
□簡潔か？ ●詳細資料の適切なボリュームが考慮されているか。 ●簡潔に書けているか。 ●話の流れが考慮されているか。 ●効果的な文体・スタイルになっているか。 ●用語や文章で工夫した表現になっているか。 （注）長いパラグラフ、過度に詳細な記述、複雑で理解しづらい記述は避ける		

第Ⅰ編
内部監査態勢
構築への道

こと。		
□読み手を引きつける工夫がされているか？		
●出だしのパラグラフで監査報告書を要約しているか。		
●読みやすい体裁にできているか。		
●読み手のために、ヘディング、表、図を使用しているか。		
□タイムリーか？		
●すばやく始めて効率的にドラフトを作成・提示できているか。		
□正確か？		
●文法や句読点は正確か。		

出所：筆者作成。

「大前さん、これもいいですねぇ。どういうところに気をつけて内部監査報告書を作成すればよいかということだけでなく、作成後にこのチェックリストにかければ監査報告書の品質確保もできそうですし……」

「ご期待にそえたようでよかったです」

ワンポイント・レッスン

　有用な監査であるためには、①書類や数値等を眺めているだけではなく、インタビューによって事実を確認し、分析すること、②報告書で監査結果を内部監査の利用者（経営者、被監査部門責任者）に適切に伝達することが最低限必要である。この点、内部監査人にとって「聴く、書く」というスキルは欠かすことのできない基本技法とされる。

---

20. エピローグ

　さらに数日後、大前は社長への最終報告のため、再度、花月社に足を運んだ。社長は満足げな笑みを浮かべていた。その両脇には、辻元マネジャーと池野主任がいて、一仕事やり終えた後の自信に満ちた表情で構えている。特に辻元は、大前が初めて会ったときの途方にくれたような表情が一切なく、まるで別人のようであった。そんな彼らをゆっくりと

眺めて大前は、この仕事をやっていて良かったと、改めて充実感を覚えた。

「社長、プロジェクトが無事終了いたしましたので、ご報告申し上げます。本プロジェクトでは辻元さんをはじめ、貴社から多大な協力を頂戴しましてありがとうございました。あらためてお礼申し上げます」
「いえいえ、大前さん。こちらこそ、ありがとうございました。都度都度に辻元から報告を受けてましたんで、プロジェクトが無事に進んでいたのは把握しておりました。しかし、大前さんのところにはいろいろなノウハウがあるそうで、辻元や池野も相当ええ勉強になったみたいですよ」
「はい、そうですね。今回のプロジェクトでは内部監査の基礎から教えていただきましたし、より実践的な内部監査フレームワークづくりにもご支援いただきましたので、組織としても個人としても内部監査の土台ができたと思います。本当にありがとうございました」
「いえいえ、こちらこそ。辻元さんには、お酒の席にもよくお付き合いいただきまして、ありがとうございました。社長、最後にひと言だけ。以前にも申し上げましたが、貴社の場合、まだようやく内部監査の土台、インフラができあがったばかりです。今後さらに改善強化し、よりレベルの高い内部監査を是非目指してください。そして、そのために我々が必要でしたら、またお声をかけていただければ幸いです」
「わかりました」

こうして㈱花月における内部監査態勢構築プロジェクトのフェーズⅠは無事終了した。もちろん、それで態勢構築が終わったわけではない。花月社の内部監査室は、休むまもなく実際の運用フェーズであるフェー

第Ⅰ編
内部監査態勢
構築への道

ズⅡに突入した。そこには大前の姿もあった。

　内部監査室の仕事は、そのすべてが順風満帆に進んだわけではなかった。はじめは内部監査を警戒する各部門の抵抗にもあった。暇なのか、と揶揄されたこともあった。しかし、花月社の内部監査室は数年後、内部監査部に昇格し、いまでは内部コンサルティング部隊として社内でも高く評価されている。

〈完〉

本編のまとめ

　これまで、内部監査態勢の土台づくりにフォーカスを当てストーリー形式で説明してきたが、本編の総括として、内部監査態勢の構成要素ごとに分類整理しておくこととする（図表Ⅰ-19）。内部監査態勢の構築にあたっては、以下も参考にしていただきたい。

１．バリュー／ミッション
　　内部監査として、組織に対してどのような価値を提供し、貢献するのか、また、そのために何をしなければいけないのかを検討、決定しておくことが必要である。その際、経営陣の積極的な関与も重要な要素であることを忘れてはならない。

図表Ⅰ-19　内部監査態勢の構成要素ごとの分類

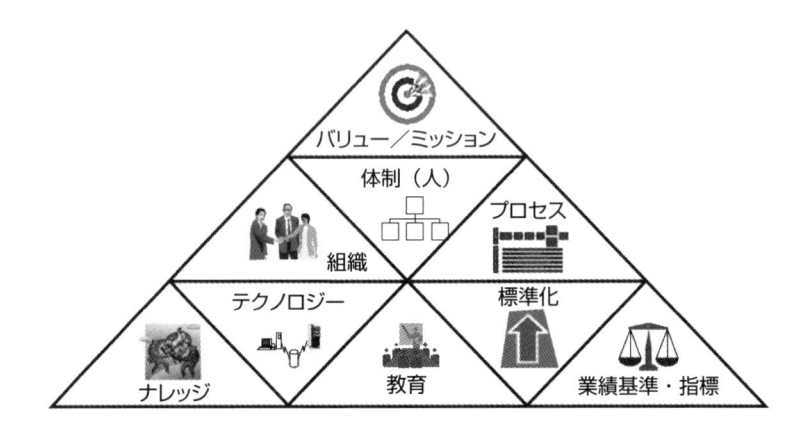

```
                    バリュー／ミッション
                ┌──────────────────┐
                │    体制（人）      │
                │   組織  │ プロセス │
                │ テクノロジー│ 標準化 │
                │ナレッジ│教育│業績基準・指標│
                └──────────────────┘
```

出所：筆者作成。

2．組織

　　内部監査を実施する専門組織の設置が必要である。専門組織は委員会、部、室、グループなど、組織の形態や名称はいかなるものでも問題ない。しかし、内部監査の独立性・客観性を確保できるように、組織上の位置付けには十分な配慮が必要である。

3．体制（人）

　　専門組織が設置されれば、次はその中身が問題となる。どのようなスキル、知識、経験等を備えたメンバーで専門組織を構成するのか、上記のバリュー／ミッションが達成できるような体制を整備しておくことが必要である。

4．プロセス

　　監査業務の効率面、効果面から、内部監査をどのように進めていくのがよいかを決定しておくことが必要である。このプロセスには、監査計画、実行、報告といった個別監査で核となる業務だけでなく、内部監査の品質評価（第Ⅱ編　第2章参照）や内部監査自体の改善なども含まれることに留意すべきである。

5．ナレッジ

　　効果的、効率的な監査を達成するためには、過去の経験から得られた、プロセス、監査技法、被監査部門に関する事項など、内部監査に関するさまざまなノウハウ・知識を蓄積し、知的資産を最大限に活用できるようにしておくことが大切である。そのためには、長期的な取り組みが必要と思われるが内部監査の価値創出のためには欠かせない要素の1つである。

6．テクノロジー

　内部監査業務の遂行において、監査調書作成・保存、データ分析、サンプリングなどの作業に、コンピュータの有効活用を図っていかねばならない。ここでいうテクノロジーは、高度で専門的なソフトウェアやプログラムの利用だけを指しているわけではない。まずは、一般的に利用されている文書作成ソフトや表計算ソフト、共有フォルダなどを十分に活用することが重要である。

7．教育

　内部監査態勢を支えるのは「人」である。内部監査のレベルを維持、向上できるよう、教育、研修、訓練の体系的なプログラムを策定し、継続的に監査メンバーの人材育成に取り組んでいく必要がある。

8．標準化

　監査メンバーのやり方、監査で使用する様式などにバラつきがある場合、効率的監査の阻害要因になったり、監査品質が疑問視されたりするケースもありうる。この点、組織的な監査を実施するためには、監査業務や書類様式の標準化、統一化が求められる。

　なお、標準化には内部監査規程・マニュアル類の整備も含まれる。

9．業績基準・指標

　内部監査のレベルアップを図る手段の1つとして、業績基準・指標を設定することが望まれる。客観的な業績尺度を設定するのは困難かもしれないが、例えば、監査における主要な発見事項、受け入れられた改善提案、内部監査への要望件数、被監査部門の満足度レベル（調査結果）などが、内部監査部門の業績指標として挙げられる。

第Ⅱ編
内部監査トピックス

第1章 内部監査の新規導入事例

1. はじめに

　第Ⅰ編では、内部監査態勢の構築に向けてのインフラ整備の進め方について説明した。内部監査のインフラ整備にあたって、どのレベルを目指すかは企業によってさまざまであるが、組織としての最低限必要な内部監査を考える場合、公開審査で要求される内部監査が１つの目安を提供してくれるものと思う。

　本章では、これから内部監査態勢を構築しようという企業が、当面目指す内部監査制度のレベルを検討するにあたって参考となるように、株式公開準備において内部監査を新規導入したＡ社（機器販売業）の事例を紹介しておくこととする。

2. Ａ社プロジェクトの概要

（1）なぜ、内部監査制度の整備が必要だったか（プロジェクトの背景・目的）

　Ａ社のトップマネジメントが内部監査制度の導入・整備を必要とする理由として次のようなものが挙げられた。何のために内部監査制度を導入・整備するかによって内部監査の実施内容・レベルが左右されるため、目的を明確にしておくことは大切なポイントとなる。

① 株式公開目的

A社は平成X年3月期を直前期(公開審査の対象となる直近事業年度)とした株式公開を目指していた。そのため、短期的には株式公開審査基準をクリアできる内部監査制度の整備・運用の定着化が必要であった。

② リスクマネジメント目的

将来の内部監査に、業務活動の中に潜む重要リスクを発見し、そのリスクの顕在化(問題発生)の未然防止につながる情報提供を期待していた。つまり、中長期的にはリスクマネジメント機能の1つとして内部監査の整備および強化が必要であった。

A社の内部監査制度の整備には上記のような誘因があったわけだが、本プロジェクトでは、まず短期目的である株式公開審査基準をクリアできる内部監査制度の整備・運用の定着化を目的としてスタートをきった。

(2) どのような作業を実施したか(プロジェクトの範囲)

プロジェクトを大きく2つに区分し、以下のような作業を実施した。

① 内部監査のフレームワーク設計

この作業は、内部監査を実施するための基盤づくり(インフラ整備)であり、次のような内容であった。

(a) 内部監査計画の立案に関して
- 監査計画立案手法の確立
- 内部監査計画書作成から承認までのプロセス確立

(b) 内部監査の実施に関して
- 実施手順の確立
- 実施時のチェックポイントの明確化

(c) 内部監査の報告に関して
- 監査報告書作成手法の確立
- フォローアップ手順の確立

② 内部監査の実行・定着化

この作業は、上記①で設計したフレームワークに基づいて監査を実施し、フレームワークの修正事項の要否を確認するとともに、内部監査を継続実施することで定着化を図るためのものであった。

(a) 直前期（平成Ｘ年3月期）の内部監査
- 内部監査年度計画書の作成
- 内部監査の実施
- 内部監査報告書の作成
- 内部監査結果のフォローアップ

(b) 申請期（平成Ｘ＋1年3月期）の内部監査
- （作業項目については直前期と同じ）

(3) どのように内部監査制度の整備を進めたか（プロジェクトのアプローチ）

上記（2）の作業内容からすれば、まず「①内部統制のフレームワーク設計」から作業を始め、次に「②内部監査の実行・定着化」を行うのがオーソドックスな進め方であろう。しかし、直々前期（平成Ｘ－1年3月期）の終盤に本プロジェクトに着手したＡ社には株式公開申請のタイミングから時間的制約があった。つまり、平成Ｘ＋1年3月期に公開申請を計画していたＡ社には、内部監査制度については、少なくとも平成Ｘ年3月期（直前事業年度）1年間の実績[*]が必要であった。このため、オーソドックスなやり方でプロジェクトを進めていくと公開申請を1年遅延させなければいけない事態に陥るおそれもあった。そこで本プロジ

図表Ⅱ-1-1　本プロジェクトの進め方

〈オーソドックスな進め方〉

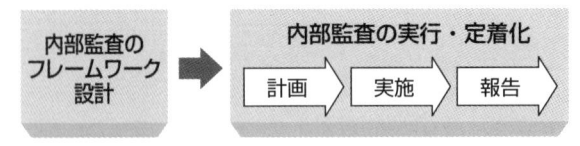

内部監査の
フレームワーク
設計　→　内部監査の実行・定着化（計画　実施　報告）

〈本プロジェクトでの進め方〉

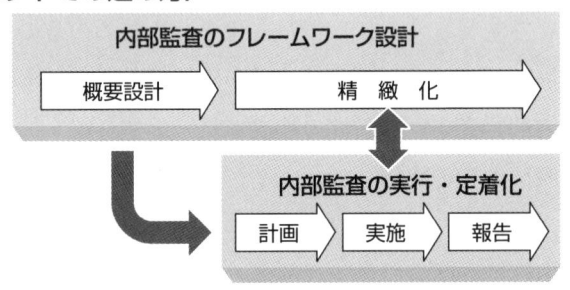

内部監査のフレームワーク設計（概要設計　精緻化）
↕
内部監査の実行・定着化（計画　実施　報告）

ェクトでは、まず内部監査のフレームワーク設計を概要レベルで行い、内部監査の実行を通じて精緻化していくという進め方を採用した（図表Ⅱ-1-1）。

　この事例での進め方は、何らかの事情で短期間のうちに内部監査制度を導入運用することが必要な企業にとっては参考になるであろう。

　なお、「①内部監査のフレームワーク設計」「②内部監査の実行・定着化」に関する作業項目および弊社の作業分担ならびに作業内容を図表Ⅱ-1-2に示しておいたのであわせて参考にしていただきたい。

（＊）　具体的には、監査計画書、監査報告書、被監査部門における改善計画書、その実施状況報告書など、内部監査制度の運用実績を裏付ける資料類を証券取引所に提示することが要求されている。

第Ⅱ編 内部監査トピックス
第1章 内部監査の新規導入事例

図表Ⅱ-1-2　本プロジェクトの進め方

作業項目	作業分担 A社	作業分担 弊社	弊社の作業内容
1000　内部監査のフレームワーク設計			
1100　内部監査計画の立案			
1110　監査計画の立案手法の確立	○	△	●監査計画立案手法を紹介し、確立のためのアドバイスを行った。 ●平成X年3月期の監査計画立案作業(2110)をA社と共同で実施し、サポートした。
1120　監査計画プロセスの確立	○	△	●監査計画書の雛形を提供した。 ●計画立案作業、計画書の作成および経営者の承認手順をアドバイスした。 ●平成X年および平成X+1年3月期の監査計画書作成作業(2112、2212)でアドバイスを行った。
1200　内部監査の実施			
1210　監査実施の方法論の確立	○	△	●監査プログラム(手続書)作成のための監査実施方法論を紹介した。 ●実施に際してのチェックポイントをご紹介し、チェックリストの作成をサポートした。 ●平成X年3月期の監査実施の事前準備作業(2121)にてアドバイスを行った。
1300　内部監査の報告			
1310　監査報告書作成手法の確立	○	△	●監査報告書の雛形を提供し、平成X年および平成X+1年3月期の監査報告書作成作業(2132、2232)にて作成のアドバイスを行った。
1320　監査報告プロセスの確立	○	△	●監査結果や提言事項の報告書へのとりまとめ、被監査部門との改善実行プランの作成、経営者への報告及びフォローアップについての手順をアドバイスした。
2000　内部監査の実行・定着化			
2100　平成X年3月期内部監査			
2110　内部監査計画の立案			
2111　計画立案作業	○	△	●A社内部監査担当者と共同で、「経営者の期待の把握」、「リスクの把握」および「対象プロセスの特定」の作業を行った。
2112　計画書の作成	○	△	●A社が作成した監査計画書をレビューし、必要なアドバイスを行った。
2113　計画書の承認	○	—	
2120　内部監査の実施			
2121　事前準備	○	△	●A社作成のチェックリストを含む監査プログラム(手続書)をレビューし、必要なアドバイスを行った。

2122	監査の実施	○	—	
2130	内部監査の報告			
2131	事前準備	○	—	
2132	監査報告書の作成	○	△	●A社が作成した監査報告書をレビューし、必要なアドバイスを行った。
2133	監査報告	○	—	
2134	フォローアップ	○	—	
2200	平成(X+1)年3月期内部監査			
2210	内部監査計画の立案			
2211	計画立案作業	○	—	
2212	計画書の作成	○	△	●A社が作成した監査計画書をレビューし、必要なアドバイスを行った。
2213	計画書の承認	○	—	
2220	内部監査の実施			
2221	事前準備	○	—	
2222	監査の実施	○	—	
2230	内部監査の報告			
2231	事前準備	○	—	
2232	監査報告書の作成	○	△	●A社が作成した監査報告書をレビューし、必要なアドバイスを行った。
2233	監査報告	○	—	
2234	フォローアップ	○	—	

○：主担当　△：支援

(4) どんな陣容で内部監査制度の整備をしたのか（プロジェクト体制）

　A社では、プロジェクト開始前に内部監査部署の設置および担当者の選任（監査室長を含め3名）は完了していたものの、内部監査に関するノウハウは十分でなく、外部機関（弊社）のアドバイザリーを受けることになった。

　本プロジェクトは図表Ⅱ-1-3のような推進体制をとり、A社・弊社のプロジェクト参画者の主な役割は以下のとおりであった。

第Ⅱ編 内部監査トピックス　第1章 内部監査の新規導入事例

図表Ⅱ-1-3　本プロジェクトの体制

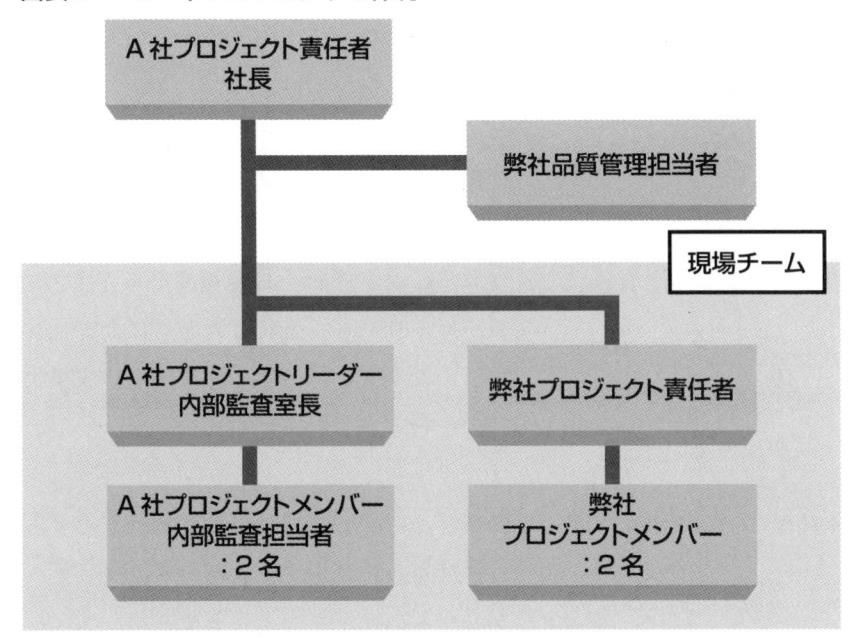

```
┌─────────────────┐
│ A社プロジェクト責任者 │
│      社長         │
└─────────────────┘
         │
         │        ┌──────────────┐
         ├────────│ 弊社品質管理担当者 │
         │        └──────────────┘
         │                            ┌──現場チーム──┐
         │                            │             │
         ├──────────────┬─────────────┤
         │              │             │
┌─────────────────┐  ┌─────────────────┐
│ A社プロジェクトリーダー │  │ 弊社プロジェクト責任者 │
│   内部監査室長     │  │                  │
└─────────────────┘  └─────────────────┘
         │                    │
┌─────────────────┐  ┌─────────────────┐
│ A社プロジェクトメンバー │  │     弊社         │
│   内部監査担当者    │  │ プロジェクトメンバー  │
│     ：2名         │  │     ：2名        │
└─────────────────┘  └─────────────────┘
```

<A社>

プロジェクト責任者：　　プロジェクトがとりまとめた内容について、全体的な方向性や内容が適切であるかを確認・評価する。

プロジェクトリーダー：　プロジェクト遂行上の各種調整を弊社プロジェクト責任者と行うとともに、討議への参加、A社プロジェクトメンバーへの作業指示、成果物管理を行う。

プロジェクトメンバー：　プロジェクトの作業計画に従い、討議への

参加、調査の実施、資料の作成を行う。

<弊社>
品質管理担当者： 成果物の品質管理を担当し、必要に応じて、現場チームにアドバイスを提供する。

弊社プロジェクト責任者： プロジェクト遂行上の各種調整をA社プロジェクトリーダーと行うとともに、弊社プロジェクトメンバーへの作業指示、成果物管理を行う。

弊社プロジェクトメンバー：参考となる雛形の提供、作業遂行上のアドバイスを行うことで、A社のプロジェクトメンバーの作業をサポートする。

(5) どれぐらいの期間をかけたか（プロジェクトのスケジュール概要）

　本プロジェクトのスケジュール概要については、図表Ⅱ-1-4をご覧いただきたい。(3)で記述したように、A社では、時間的制約から「内部監査のフレームワーク設計」と「内部監査の実行・定着化」の作業を並行的に進めた。

　平成（X－1）年3月期では、「内部監査のフレームワーク設計」について、約2ヵ月程度の期間をかけて概要レベルの設計を行った。また、「内部監査の実行・定着化」については、約1ヵ月間で、平成X年3月度（直前期）の年度内部監査計画の立案・承認および第1回目の内部監査の実行計画を立てるところまで漕ぎ着けた。

　平成X年3月期に入り、前年度中に立案した実行計画に基づいて、第

第Ⅱ編 内部監査トピックス　第1章 内部監査の新規導入事例

図表Ⅱ-1-4　本プロジェクトのスケジュール概要

作業項目	平成(X-1)年3月期	平成X年3月期(直前期)	平成(X+1)年3月期
	1月 2月 3月 4月 5月 6月 7月 8月 9月 10月 11月 12月	1月 2月 3月	4月 5月 6月

コード	作業項目
1000	内部監査のフレームワーク設計
1100	内部監査計画の立案（設計）
1200	内部監査の実施
1300	内部監査の報告
2000	内部監査の実行・定着化
2100	平成X年3月期内部監査
2110	内部監査計画の立案（見直し）
2120	内部監査の実施
2130	内部監査の報告
2200	平成(X+1)年3月期内部監査
2210	内部監査計画の立案
2220	内部監査の実施
2230	内部監査の報告

1回目の内部監査を実施し、社長に対して内部監査の結果報告を行った。さらに、第1回目の内部監査の実施を通じて気が付いた内部監査フレームワークに関する要改善事項を当初のフレームワークに加味することで、フレームワークの改良を図っていった。第1回目の要改善事項としては、各種フォーマットの使い勝手をより良くすること、現場で効率的に監査作業をするために予備的な調査（規程類の内容や業務での使用帳票の事前確認等）をより充実させること等が挙げられた。内部監査の実施、改良は、平成X年3月期の上半期を通じて行い、内部監査のフレームワークを整備した。

平成X年3月期の下半期に入ると、内部監査のフレームワークも固まったため、実行計画に沿った内部監査の実施・報告といった作業に内部監査メンバーの時間が割かれた。平成X年3月期第4四半期にはいると、A社では予算策定作業が全社的にスタートするため、内部監査室も会社のスケジュールに沿って、翌事業年度の年度内部監査の実施計画および予算を立案し、年度末までに必要な社内承認を得た。

(6) 何を作成したのか（プロジェクトの成果物）

最後に、①採用することとなった内部監査のステップ（概要）と②各ステップを通じて作成される内部監査関連様式（イメージ）を本プロジェクトの成果物として紹介しておこう（図表Ⅱ-1-5、89～94頁の図表Ⅱ-1-6①～⑤）。

なお、内部監査を実施する上で使用する関連資料（書式・様式）は、各社各様であるため、実際に記載項目や書式・様式を決定する場合には、「内部監査実務全書（内部監査協会編）」等を参考にしながら、自らの組織にあった仕立てにすることをお奨めする。

第Ⅱ編 内部監査トピックス　第1章 内部監査の新規導入事例

図表Ⅱ-1-5　A社における内部監査のステップと関連様式（主なもの）

（1）監査計画作成	関連様式
⒜経営者の監査に対するニーズおよび優先順位の確認 ⒝全般的リスクおよび関連するプロセス・勘定科目の把握 ⒞内部監査の対象とする業務プロセスの特定（範囲決定） ⒟内部監査計画の立案 ⒠立案した監査計画の承認	・年度監査計画書 （図表Ⅱ-1-6①）
（2）監査実施	関連様式
⒜業務プロセスのリスクの特定 ⒝監査要点、監査手続計画の立案 ⒞監査通知 ⒟予備調査 ⒠オープニング・ミーティング ⒡現場監査 ⒢監査調書の作成・整理 ⒣クロージング・ミーティング	・監査実施計画書 （図表Ⅱ-1-6②） ・内部監査調書 （図表Ⅱ-1-6③）
（3）監査報告	関連様式
⒜現場監査の残務整理 ⒝監査報告書の作成 ⒞被監査部門の改善計画の確認 ⒟経営者に対する結果報告	・監査報告書 （図表Ⅱ-1-6④）
（4）フォローアップ	関連様式
⒜進捗状況の確認 ⒝フォローアップ監査の実施	・措置回答書 （図表Ⅱ-1-6⑤）

3. 内部監査のステップ（概要）

　内部監査のステップについて、図表Ⅱ-1-5を用いて説明しておこう。監査ステップを、（1）監査計画作成、（2）監査実施、（3）監査報告、（4）フォローアップの4つに大きく区分した上で、それぞれの区分について、さらに具体的に次のようなステップに落とし込んで整理した。

(1) 監査計画作成

(a) 経営者の監査に対するニーズおよび優先順位の確認

　　経営者の関心ごと、内部監査への注文などを優先順位も含めて、簡単にヒアリングする。ヒアリングの結果については、できるだけ監査計画に組み込んで経営者の期待に応えられるようにした。

(b) 全般的リスクおよび関連するプロセス・勘定科目の把握

　　会社全体を見渡した場合どのようなリスクがあるかについて大雑把に検討し、リスクが関連しそうな、あるいはリスクが潜んでいそうな業務や会計勘定科目（その勘定科目に関係する業務）は何かを考えることで、効果的・効率的な内部監査を実施できるようにした。

(c) 内部監査の対象とする業務プロセスの特定（範囲決定）

　　業務プロセスについて、どの拠点、部門のどの業務に絞り込んで監査を実施するか検討し、フォーカスを当てるべき対象範囲を明確にすることで、より実効性の高い内部監査ができるようにした。

(d) 内部監査計画の立案

　　上記(a)～(c)のステップでの検討結果を踏まえて、年度内部監査計画を立案し、内部監査メンバーの年間予定を組むようにした。計画立案にあたっては、現場作業だけでなく、書類（監査調書）の整理や積み残し作業の後始末の工数も織り込んで、年間を通じて、ムリ・ムラのない内部監査を実施できるようにした。

　　また、計画は、あくまでも計画ということで、必要に応じてタイムリーに見直しをかけることもルール化することで、実効性ある監査計画を維持できるようにした。

(e)立案した監査計画の承認

　適切な承認（本事例では、社長承認）を得ることで、組織として正式な監査計画という位置付けにし、計画に沿って円滑に監査を進められるようにした。

(2) 監査実施

(a)業務プロセスのリスクの特定

　監査計画段階で対象とした業務プロセスにおいて、想定されるリスクをピックアップするようにした。本プロジェクトでは、公開準備という目的から重要と考えられる不正リスクや法令等違反リスクに注意し、リスクを特定することにした。

(b)監査要点、監査手続計画の立案

　何を確かめるべきか（監査要点）を明確にするとともに、それはどのようにして確かめることができるのか（監査手続）を検討し、個別の監査計画（監査実施計画）を立案することとした。

(c)監査通知

　「いつ（監査日程）」、「誰が（監査人）」、「どこで（監査実施場所）」、「誰に（監査対応者）」、「何を（監査対象業務、確認事項）」に関して、被監査部門に通知することとした。あわせて、必要な準備事項（資料、データなど）についても事前依頼することとした。

(d)予備調査

　取引データや資料類の閲覧、電話・メール等による質問といった形で、オフサイト（本社）で事前に調査し、しっかり準備した上で、

現場監査に入っていくことにした。

(e)オープニング・ミーティング

　顔合わせのほか、全般事項（部門の課題、リスク、内部監査への依頼事項など）を確認する目的で、監査実施前または監査初日に被監査部門の責任者とのミーティングを持つことにした。

(f)現場監査

　現場監査に入る前に、(d)予備調査や(e)オープニング・ミーティングの結果、必要な計画修正（監査手続の加除修正）を行うこととした。現場監査では、修正後の監査手続（計画）に沿って監査を実施することになった。

(g)監査調書の作成・整理

　監査報告の基礎として、また、次回以降の監査に役立てるために、必要最小限の監査調書を記録・保存することとした。これらの目的を踏まえ、標準的な記載要領に従って、監査調書を作成・保存することを原則とした。

(h)クロージング・ミーティング

　最終日に、被監査部門の責任者に監査への協力に関する謝辞を伝えること、発見事項（事実）について監査人の事実誤認がないか確認すること、現場監査中に回答いただけなかった事項（被監査部門への宿題）に関する事後回答を依頼することを主な目的として、ミーティングを実施することにした。また、このミーティングの最後に、現場監査後の監査作業予定についても説明しておくことにした。

(3) 監査報告

(a)現場監査の残務整理

　監査報告書の作成準備として、被監査部門からの事後回答のフォローおよび監査調書の整理を実施することとした。

(b)監査報告書の作成

　現場でのクロージング・ミーティング、監査調書をベースに監査報告書を作成し、発見した事実に加えて、必ず、内部監査として改善提案も記載することにした。なお、監査報告書のドラフト段階で被監査部門に記載内容を確認してもらい、事実と異なる記載・不適切な表現といった問題が残らないようにした。

(c)被監査部門の改善計画の確認

　内部監査で指摘した要改善事項に関して、被監査部門に改善計画（誰が、何を、いつまでに実施するのか）を立案させ、その計画を文書にて内部監査室に報告させることにした。

(d)経営者に対する結果報告

　被監査部門とも合意した監査報告書を総括・要約し、経営者向けの結果報告書（エグゼクティブ・サマリー）を作成し、報告会・意見交換会の機会を設けることにした。

(4) フォローアップ

(a)進捗状況の確認

　被監査部門で改善計画が計画倒れになるケースも少なくない。これでは効能ある監査が実施できているとはいい難い。そのため、監

査を通じて検出された要改善事項について、被監査部門が、計画どおりに改善対応しているかどうか、定期的に（本プロジェクトでは、3ヵ月ごとに）「措置回答書」で、内部監査部門に報告させ、モニタリングすることにした。

(b) フォローアップ監査の実施

　　二巡目以降の監査では、前回監査で要改善事項となっていた事項のうち、重要なものについて、実際に改善されているかどうかを確認することにした。

4. 関連様式（主なもの）

各監査ステップで使用する主な様式（イメージ）ついては、作成や使用にあたってのポイントも示しておいたので、そちらもあわせて、参考にしていただきたい（図表Ⅱ-1-6①〜⑤）。

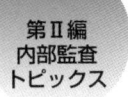

第Ⅱ編 内部監査トピックス
第1章 内部監査の新規導入事例

図表Ⅱ-1-6① 年度監査計画書（イメージ）

平成○年○月○日

平成××年度　監　査　計　画　書

監査基本方針		株式公開を目指し、その前提となる内部管理制度の整備・運用状況チェックに重点を置く												
No.	監査の対象	想定されるリスク及び問題点	非監査部門	監査実施責任者	月別実施計画									
					4	5	6	7	8	9	10	11	12	1	2	3
1	現金・預金および有価証券	①現金等の資産現物管理が不十分	経理部	□□□□					→							→
		②現金残高確認が不十分							→							→
		③小切手・手形帳の管理が不十分							→							
2	債権管理	①与信枠の設定手続が明確でない	営業部	□□□□						→						
		②与信枠管理が不十分								→						
		③回収時の債権の個別消しこみが不十分								→						
		④入金差異への対応が不十分								→						
3	文書管理	①保管期間管理が不十分	総務部	□□□□							→					
		②ファイリングが不適切									→					
4	在庫管理	①…	商品部	□□□□								→				
		②…										→				
		③…										→				
		④…										→				
		⑤…										→				
5	購買管理	①…	商品部	□□□□								→				
		②…										→				
		③…										→				
		④…										→				
		⑤…										→				

▶▶ポイント◀◀
- 他部門の計画と同様、会社の基本方針、年度方針、年度計画とのリンクに配慮する。
- リスクの視点から監査計画を立て、効果的な監査の実施に努める（監査のやりやすさだけで監査計画を立案しない）。
- 日頃からアンテナを張りめぐらせ、経営陣の言動、各部門で抱える課題といった経営や業務に関する社内外の情報を内部監査に活かす。

図表Ⅱ-1-6② 監査実施計画書（イメージ）

平成●年●月●日

平成××年度　監査実施計画書

監査の対象	現金・預金および有価証券	想定されるリスクおよび問題点	① 現金等の資産現物管理が不十分 ② 現金残高確認が不十分 ③ 小切手・手形帳の管理が不十分
被監査部門	経理部		
監査実施時期・日程	平成××年○月○日		

監査要点（視点）	監査の方法	往査場所	立会・応答者	監査担当者
・現金等の出納、保管業務は諸規定で定められているか ・不正が発生しないように厳重に保管、管理されているか ・入出金はすべて証憑書類に基づいて行われているか ・出納業務と起票、記帳業務とが分離されているか ・現金・預金・有価証券残高は、定期的に実査（確認）しているか ・現金・預金・有価証券残高は、定期的に外部証憑と確認しているか ・有価証券の評価が所定の基準に準拠して正しく行われているか ・関連台帳は整備されているか …	帳簿等の閲覧 規定類の閲覧 ヒアリング 実　査	経理部	■■■■	□□□□

▶▶ポイント◀◀
- 現場でないと実施できない作業と、そうでない作業を切り分けて段取りする。
- 出たとこ勝負ではなく、現場で実施すべき作業を事前に想定しておく。
- 現場作業で使用する帳票類もリストアップし、事前依頼しておく。
- 必要な予習（情報収集、調査など）もあわせてやっておく。

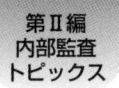

図表Ⅱ-1-6③　内部監査調書（イメージ）

内部監査調書

整理No.	XXXX
作成日	平成××年○月○日

（監査対象：現金・預金および有価証券）

想定されるリスクおよび問題点	①現金等の資産現物管理が不十分	被監査部門	経理部
	②現金残高確認が不十分	監査実施日	平成××年○月○日
		立会・応答者	■■■■
	③小切手・手形帳の管理が不十分	監査責任者	□□□□

チェックリスト

監査要点（視点）	実施担当者	手続き	結果および所見	参照資料
①現金等の出納、保管業務は諸規定で定められているか	○○	経理規定の整備状況を確認する	規定を整備中（運用との乖離がないか最終確認段階）	①規定案
②不正が発生しないように厳重に保管、管理されているか	△△	金庫（鍵を含む）の保管とその使用状況を確認する	十分に牽制が働く業務分担になっており、特に問題なし	②業務分担表
③入出金はすべて証憑書類に基づいて行われているか	△△	支払依頼書・入金票・領収書と元帳および通帳の突合せを行う（平成●年●月～平成●年○月を対象）	… …	③各種帳票類（サンプル）
④出納業務と起票、記帳業務とが分離されているか	□□	業務分担のヒアリングと会計帳票（検印）等を比較・検討して確認する（平成●年●月～平成●年○月を対象）	… …	④…

▶▶ポイント◀◀
- 最低限、誰が見てもわかるような文章、文字で記載しておくことが必要である。
- 監査調書は、監査部門内の作業報告書である。責任者が記載内容をチェックし、十分な作業・記載が実施されているかを確認しておく。
- 効率的に監査報告書が作成できるよう、記載の仕方を工夫し、標準化しておく（例えば、要改善事項は赤枠で囲むなど）。

図表Ⅱ-1-6④　監査報告書（イメージ）

監 査 報 告 書

〔1〕監査結果の要約

1. 総合所見

　　今回内部監査の対象とした業務に関する内部統制は概ね良好に整備・運用されていると判断される。

　　しかしながら、内部監査の実施過程において、今後、改善についての検討が必要と考えられるいくつかの事項が発見された。これらの事項については「2. 重要な発見事項」に要約している。

2. 重要な発見事項

　　① ……
　　② ……
　　③ ……

〔2〕監査要点別の所見

監 査 要 点	所 見
① 現金等の出納、保管業務は諸規定で定められているか	まもなく完成予定で、目下、整備中（運用との最終チェック段階）である
② 不正が発生しないように厳重に保管、管理されているか	現物管理、記帳など必要な職務分離が行われており、特に問題なし
③ 入出金はすべて証憑書類に基づいて行われているか	……
④ 出納業務と起票、記帳業務とが分離されているか	……

第Ⅱ編 内部監査トピックス　第１章　内部監査の新規導入事例

〔3〕問題点・改善提案・被監査部門改善計画

問　題　点	改　善　提　案	被監査部門改善計画
(1) 経理規定が整備中であるため、現金等の出納・保管業務のルールが明確にされていない	規定作成作業の進捗状況チェックを行うこと 規定整備後、遅滞なく導入・運用の定着化を図ること	計画どおり経理規定を整備する ルール整備後、運用の定着化を図る （責任者○○、期限；平成×年×月×日）
(2) ……	……	……
(3) ……	……	……

▶▶ポイント◀◀
- 監査報告書は、監査部門の最終製品である。読み手の関心をひきつけられるよう、また、わかりやすいよう、配列などにも配慮する（例えば、要改善事項について重要なものから順に記載する、部署ごとに記載するなど）。
- 改善提案については、現状業務も十分考慮に入れた上で、経営者や被監査部門も納得・合意できるような、合理的かつ現実的な対策を提示する。
- 被監査部門が提示した改善計画が不十分と認められた場合、再提出・協議・助言など必要な対応を行う。
（注）第Ⅰ編図表Ⅰ-18「監査報告書チェックリスト」も参照のこと。

図表Ⅱ-1-6⑤　措置回答書（イメージ）

平成×年○月△日

内部監査担当□□□□　　　　殿

責任者　○○○○

措　置　回　答　書

監査対象：現金・預金および有価証券

問　題　点	改　善　提　案	進　捗　状　況
(1) 経理規定が整備中であるため、現金等の出納・保管業務のルールが明確にされていない。	2月中に完成予定の規定作成作業の進捗状況チェックと完成後の早期施行の実施。	2月末に経理規定の整備は完了しています。現在、研修等によって、ルールの定着化を図っています。
(2) ……		

▶▶ポイント◀◀
- 特に重要な事項については、定期報告だけでなく、頻度を高めてモニタリングすることも検討する（報告のタイミングについては被監査部門へ事前連絡をしておく）。
- 現状の進捗状況とともに、今後の実施予定も記載させ、対応未済の事項については継続的にモニタリングできるようにしておく。
- 改善が遅々として進まない事項があれば、書面のやりとりだけでなく、協議・助言などの必要性を検討する。

第2章
内部監査の品質評価

1. 内部監査の品質評価とは

　内部監査の利用にあたって、「わが社の内部監査は、一般的な内部監査に照らして十分なものか」、「期待している目的を満たしてくれるのか」、「社内で定められたとおりに実施できているのか」、「さらなる改善余地は残っていないのか」といった思いを持つ内部監査ユーザー（経営者など、内部監査の利用者）も少なくないのではないだろうか。ユーザーが、こういった心配や不安を抱えたままの状況では、たとえ非の打ち所がない監査が実施されていたとしても、その組織においては、内部監査が十分に機能しているとはいい難い。そのため、このような組織では、ユーザーの心配や不安を解消しなければならず、具体的な手段を講じる必要性が出てくる。その具体的手段が、「内部監査サービスがユーザーの要求する品質を十分に満たしていることを保証する活動」であり、これが「内部監査の品質保証（品質評価）」といわれるものである。

　このように、「内部監査の品質評価」は、サービス提供を行う内部監査部門と内部監査のユーザーを信頼関係で結び付けるための保証活動であるわけだが、それだけにとどまるものでもない。内部監査の品質評価では、評価結果の一環として内部監査に関する要改善事項が明示され、それが内部監査活動の強化や提供サービスのレベルアップにつながっていくことになる。この点、「内部監査の品質評価」は「より付加価値の高い

内部監査サービス提供に向けて改善機会を発見するための活動」でもある。

いずれにせよ、内部監査を重視する組織において、「内部監査の品質評価」は、監査機能をフル活用していくために欠かすことのできない活動と理解しておくべきである。

以下では、内部監査の品質評価の全体像について、説明しておこう。

(1) 誰が評価するのか？

内部監査の品質評価は、その実施主体よって、組織内で行う内部評価と組織外の者が行う外部評価に区分することができる。

① 内部評価

組織内のメンバーによって実施される内部監査の品質評価である。「内部監査の専門職的実施の国際基準」（以下、IIA基準）（1311）では、内部監査部門による自己評価、または内部監査の実務と基準について知識を有する組織体内の他の人々による評価が内部評価として挙げられている。

② 外部評価

組織外部の第三者によって実施される内部監査の品質評価である。IIA基準（1312）では、品質評価の実施者に適格性と独立性を求めている。

(2) 何を評価するのか？

もちろん内部監査が評価の対象となるわけだが、具体的には次のような分野を対象として評価を行っていくことになる。

① 内部監査のサービス

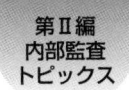

内部監査の守備範囲（監査対象領域）や、内部監査人のスキル・専門知識、監査人の教育・育成など、提供される内部監査サービスに関する事項

② 内部監査プロセス

リスク評価、監査計画、実施、報告、フォローアップといった監査の一連のプロセスに関する事項（監査調書の作成やITツールの利用などを含む）

③ 内部監査に関する関係者の受け止め方

関係者（経営者、被監査部門責任者など）による内部監査サービスへの満足度、期待や要望、監査報告書等に関する評価など

(3) 何を基準に評価するのか？

内部監査の品質評価を行う場合、何に照らして現状の内部監査を評価するのか、その評価基準として次のようなものが挙げられる。

① 所定の基準や規定

内部監査人協会（本部は米国フロリダ州。以下、IIA）や日本内部監査協会などが内部監査に関する基準を公表している。これらの基準では、内部監査について多岐にわたって規定が設けられており、内部監査の品質評価基準として有用である。

また、自社で制定されている内部監査規定も、その良し悪しの評価を踏まえた上で、内部監査の現状評価にあたって、基準の1つになり得る。

② 内部監査関係者のニーズや期待

現行の監査が、内部監査関係者（経営者や被監査部門の責任者など）が持つ内部監査に対するニーズや期待に沿った満足度の高いレベルにあるのか、逆に低いレベルにとどまっているのかを評価する

ことができる。この点、内部監査関係者のニーズや期待も内部監査の品質評価基準の1つとなる。

③　ベストプラクティス

販売、生産、購買といった他の業務活動・プロセスと同様に、内部監査実務においてもより優れた価値ある方法（より望ましいやり方）として、ベストプラクティスが存在する。このベストプラクティスは、他社だけでなく、自社あるいは自社グループで実践され、成功を収めているケースもある。内部監査の品質評価にあたっては、このような社内、社外のベストプラクティスも、1つの基準としてとらえることができる。

(4) どのように評価を進めるのか？

次のような4つのステップを踏んで、内部監査の品質評価は実施される。

①　内部監査の現状把握

内部監査の関係者（経営者、内部監査担当役員、内部監査部門長、内部監査担当者など）に対する書面による質問やインタビュー、内部監査関係書類（監査計画書、監査調書、監査報告書など）の閲覧などによって、現行実施されている内部監査について把握する。

②　内部監査の目標把握

内部監査の目標設定に関係の深い内部監査関係者（経営者、内部監査担当役員、内部監査部門長など）に対するインタビューなどを通じて、内部監査の目標水準・要求水準（あるべき姿、ありたい姿）を確認し、把握する。

③　ギャップの把握

上記の①、②で把握した、現状と目標がどういった点で、どのよ

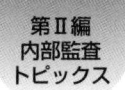

第Ⅱ編 内部監査トピックス　　第2章 内部監査の品質評価

【参考】
　IIA基準では、内部監査の品質評価について以下のような規定が設けられている。

品質評価に関するIIA基準

1300―品質の保証・改善プログラム
　内部監査部門長は、内部監査部門にかかるすべての問題を網羅し、その有効性を継続的に監視する品質の保証・改善プログラムを作成し、維持しなければならない。このプログラムは、定期的な、内部および外部の品質評価と、内部での持続的な監視を含まねばならない。それぞれのプログラムは、内部監査部門が組織体の運営に価値を付加し、また改善することに役立ち、内部監査部門が基準および「倫理綱要」を遵守していることの保証を与えるように設計されなければならない。

1310―品質プログラムの評価
　内部監査部門は、品質プログラムの全般的な効果を監視し、評価するためのプロセスを採らなければならない。それらのプロセスには、内部評価と外部評価との双方を含まなければならない。

1311―内部評価
　内部評価は、以下を含まなければならない。
　内部監査部門の業績についての継続的レビュー
　自己評価により、または内部監査の実務と基準についての知識を有する組織体内の他の人々により実施される、定期的なレビュー

1312―外部評価
　外部評価は、組織体外の適格にしてかつ独立なレビュー実施者またはレビュー・チームによって、最低でも5年に一度は実施されなければならない。内部監査部門長と取締役会は、外部評価をより頻度を高めて行う必要があるか否かを、また、さらに、レビュー実施者またはレビュー・チームの適格性と独立性（潜在するかもしれない利害関係も含む）も話し合わなければならない。そのような討議では、レビュー実施者またはレビュー・チームの経験に照らし、組織体の規模、複雑性、業種が勘案されるべきである。

1320―品質プログラムの報告
　内部監査部門長は、外部評価の結果を取締役会に報告しなければならない。

出所：IIA「内部監査の専門職的実施の国際基準」

うに乖離しているのかを明確に把握する。

④ 改善提案の立案

③で把握されたギャップを埋めるために、今後何をしていくべきかを検討し、必要と考えられる改善策についての提案を行う。

2. 品質評価の進め方

前節では、内部監査の品質評価とは何か、その全体像はどういうものかについて見てきた。本節では、もう少し具体的に品質評価の内容を理解するにあたって参考になるよう、品質評価（外部評価）の事例を用いて、その進め方を紹介しておくことにする。なお、本事例は、多様な品質評価の進め方がある中での1つのサンプルにすぎないことにご留意いただきたい。

2-1. プロジェクトの概要

前節の内部監査の品質評価の全体像の説明でふれたように、その実施にあたっては、内部監査の関係者（経営陣、被監査部門など）の協力を得なければならない。このため、関係者がプロジェクトで何をやるのかのイメージ付けができるよう、「内部監査の品質評価」という用語の使用を避けることとし、「内部監査機能診断プログラム」という名称で、内部監査の品質評価を実施した。

(1) プロジェクト全体の進め方

本プロジェクトの全体ステップについて図表Ⅱ-2-1に沿って、その概要を説明しておこう。

第2章 内部監査の品質評価

図表Ⅱ-2-1　内部監査機能診断プログラムの全体ステップ

① プログラム準備 → ② 内部監査環境の分析 → ③ 内分監査プロセスの分析 → ④ 結果報告

出所：筆者作成。

① プログラム準備

　プロジェクトの実施目的を明確にした上で、プロジェクト体制の確立、全体計画の策定等を行った。

② 内部監査環境の分析

　内部監査の利用者が、現時点で内部監査をどのような見方、とらえ方をしているのかを把握・分析し、内部監査機能の診断を行った。

③ 内部監査プロセスの分析

　現状の内部監査プロセスについて、把握・分析し、内部監査機能の診断を行った。

④ 結果報告

　プロジェクトの結果報告書を作成し、クライアントとともに改善の方向性を検討した。また、経営トップに対して、結果報告を行い、クライアントの内部監査部門が今後の取り組み計画案について発表した。

(2) 各ステップの作業内容

　次に、「内部監査機能診断プログラム」の各ステップで実施した作業内容を、もう少し具体的に説明しておこう。

　なお、各ステップの作業に関する説明の末尾に、本プログラムの各ス

テップに関連する「内部監査の品質評価マニュアル」の「品質評価ツール」(IIA国際本部公表)についても紹介しておいた。「品質評価ツール」については次節で簡単に触れるが、本パートの作業を、より具体的、かつ、詳細に理解したい読者は、「品質評価ツール」の内容についても、あわせて確認しておくことを推奨する。

① **プログラム準備（図表Ⅱ-2-2参照）**
 ⅰ) 期待の把握
　　本プロジェクトの狙いはどこにあるのか、どのようなことを期待しているのかについて、内部監査担当役員などに対するインタビューで確認した。

 ⅱ) プランニングミーティング
　　上記の作業を受けて、どこまでの範囲の作業を実施するのかを決定し、プロジェクト作業計画を策定した。また、プロジェクト遂行

図表Ⅱ-2-2　プログラム準備

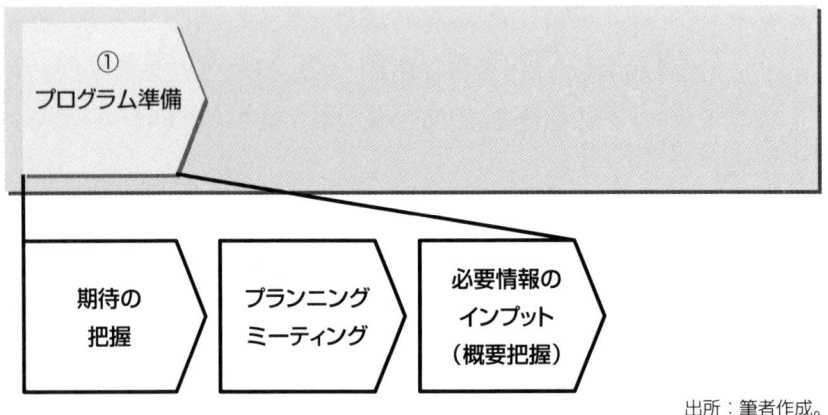

出所：筆者作成。

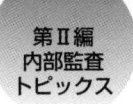

上必要となるクライアントと弊社の実施体制、担当窓口、役割分担等を確認した。

ⅲ）必要情報のインプット（概要把握）

　クライアントのビジネスおよび内部監査について、概括的に理解するために、業界情報、事業内容、業務概要、内部監査体制・活動などに関する情報を入手し、整理した。

このステップに関連する主な品質評価ツール
- ツール1（事前準備と計画策定）
- ツール2（品質評価事前準備表）

---

②内部監査環境の把握（図表Ⅱ-2-3参照）

ⅰ）内部監査関係者へのインタビュー

　内部監査を取り巻く利害関係者（内部監査の利用者）である、CEOや監査役、被監査部門責任者に対するインタビューを行うことで現状の内部監査に対する期待や要望事項、評価など確認した。

ⅱ）内部監査関係者へのアンケート

　インタビューは、深く突っ込んだ内容までヒアリングできるというメリットがある反面、時間的な制約等から、あまり多くの方に実施するのは困難である。そこで、インタビューのほかに、アンケート手法を組み合わせて関係者の意見やコメントを収集した。

図表Ⅱ-2-3　内部監査環境の把握

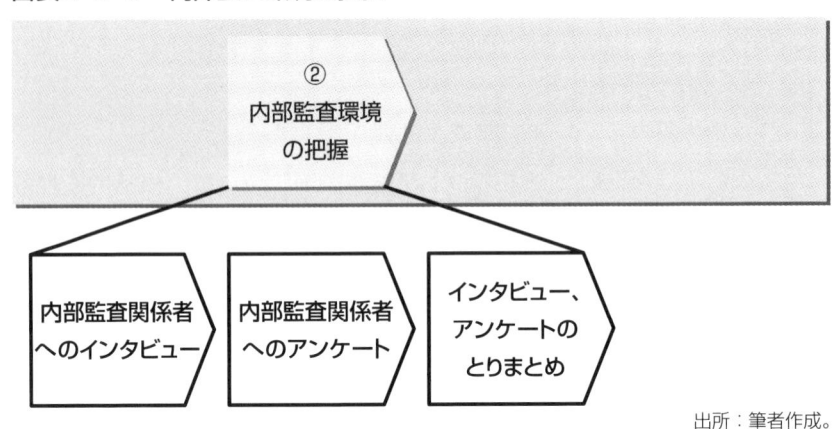

```
      ②
   内部監査環境
    の把握
```

- 内部監査関係者へのインタビュー
- 内部監査関係者へのアンケート
- インタビュー、アンケートのとりまとめ

出所：筆者作成。

iii）インタビュー、アンケートのとりまとめ

　　インタビュー、アンケートの結果、利用者は内部監査に関して、どのような見方やとらえ方をしているのかについての現状を分析し、整理した。

このステップに関連する主な品質評価ツール
- ツール4（監査対象部門調査書）
- ツール6（インタビュー・ガイド―取締役会（監査委員会）メンバー）
- ツール7（インタビュー・ガイド―内部監査部門長の報告先である経営陣）
- ツール8（インタビュー・ガイド―上級経営陣及び業務経営陣）
- ツール11（インタビュー・ガイド―外部監査人）

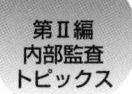

③内部監査プロセスの分析（図表Ⅱ-2-4参照）

ⅰ）内部監査関係文書のレビュー

既存の内部監査関係文書（規程類、監査計画書、監査通知書、監査調書、監査報告書、予算関係書類、教育関係書類など）についてレビューを行い、現行の内部監査の実施内容について理解し、インタビュー項目の検討等に利用した。

ⅱ）内部監査メンバーへのインタビュー

内部監査を実施している、内部監査責任者、内部監査スタッフに対して、現行の内部監査についてインタビューを行った。なお、インタビューは、認識のズレ、やり方の違いなどの現状を浮き彫りにするため、1人ずつ実施した。

ⅲ）プロセス・マップの作成

上記ⅰ）、ⅱ）の作業から得られた情報をもとに、時間軸等も考慮

図表Ⅱ-2-4　内部監査プロセスの分析

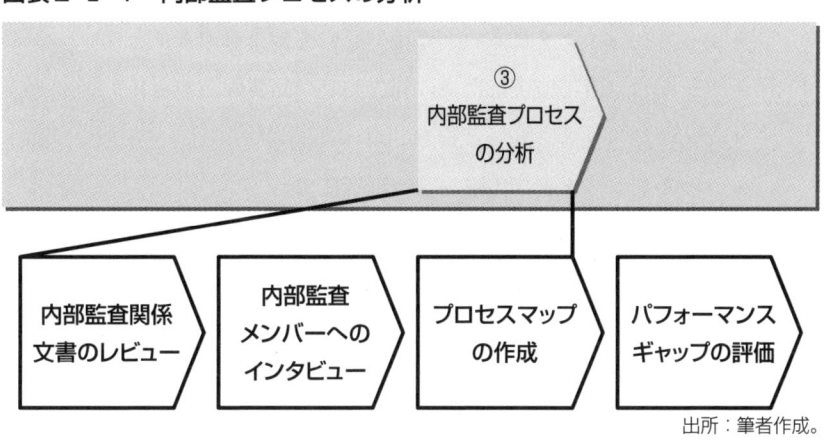

③ 内部監査プロセスの分析
- 内部監査関係文書のレビュー
- 内部監査メンバーへのインタビュー
- プロセスマップの作成
- パフォーマンスギャップの評価

出所：筆者作成。

したプロセス・マップ（内部監査業務の流れ図）を作成し、現状業務の分析等に利用した。

ⅳ）パフォーマンスギャップの評価

　現行の内部監査業務と各種ベンチマーク（内部監査基準、利用者のニーズ・期待、ベストプラクティスなど）との比較分析を行うことで、内部監査の品質評価、改善案の検討を行った。なお、ベストプラクティスについては、弊社のノウハウとして蓄積されているもののほか、IIAが公表している「GAIN Manual」で示されているベストプラクティスも参考にして作業を進めた。

このステップに関連する主な品質評価ツール
- ツール2A（自己評価ガイド）
- ツール3（内部監査部門長質問書）
- ツール5（内部監査部門スタッフ調査書）
- ツール9（インタビュー・ガイド―内部監査部門長）
- ツール10（インタビュー・ガイド―内部監査部門スタッフ）
- ツール12（内部監査部門長の報告先及び品質保証の責任）
- ツール13（リスク評価と監査計画）
- ツール14（スタッフの熟練した専門能力）
- ツール15（情報技術（IT））
- ツール16（生産性及び付加価値の評価）
- ツール17（計画策定と業務実施、監査調書のレビュー、監査報告書及びモニタリング・プロセス）
- ツール18（所見及び問題点集計票）

第Ⅱ編 内部監査トピックス　第2章 内部監査の品質評価

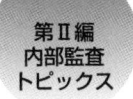

- ツール19（基準遵守性評価概要書）

【参考】
　内部監査協会（IIA）では、GAINと呼ばれる、内部監査のベンチマーキングサービスを提供している。自分の組織体の内部監査に関するデータを入力することで、自分の組織体の所属する業界や前業界の監査部門のデータと比較することができる。

④結果報告（図表Ⅱ-2-5参照）

ⅰ）結果の集約

　さきに説明した①～③の作業で得られた結果を収集した上で、今後、報告書に組み込むべき内容を検討した。

ⅱ）報告書の作成

　報告書ドラフトを作成し、記載事項について、クライアントが内容確認を行い、報告書を最終化した。

図表Ⅱ-2-5　結果報告

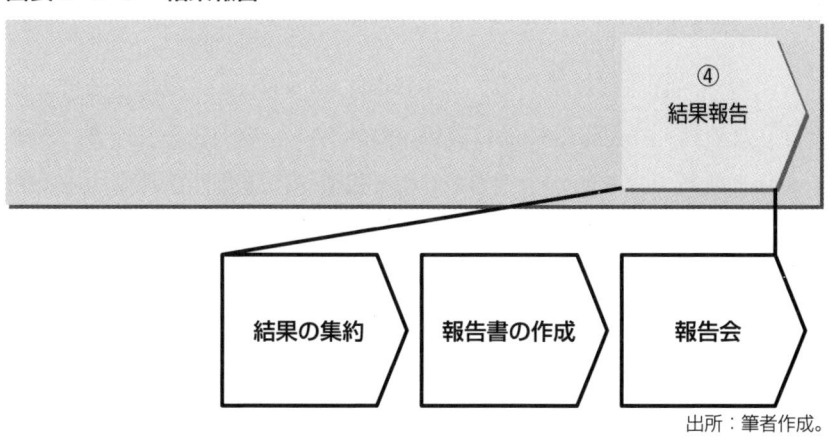

④結果報告 → 結果の集約 → 報告書の作成 → 報告会

出所：筆者作成。

ⅲ）報告会

経営トップに対して、クライアントの内部監査責任者とともに、内部監査の機能診断の結果について報告を行った。その場で、経営トップと意見交換することで、内部監査の取り組みに関する今後の方向性を明確にした。

このステップに関連する主な品質評価ツール
- ツール20（報告の種類に関する説明）
- ツール20A（品質評価レビューの報告書例）
- ツール20A-1（ABC社内部監査部門の外部品質評価ピアレビュー報告書例）
- ツール20B（自己評価報告書）
- ツール20C（独立した検証を伴う自己評価報告書（例））

---

3. 品質評価のためのマニュアル

前節の「品質評価の進め方」でもふれたように、IIAでは、品質評価を行うために「内部監査の品質評価マニュアル」を公表している。2006年2月に最新の第5版が公開され、IIA基準への適合性を評価するための指針となっている。第4版は2002年に発行され、第5版が発行されるまで4年ほど要しているが、次回版である第6版は2007年に発行される見込みであることを考えると品質評価が実際に数多く行われるようになってきており、より実践的なマニュアルにするための改訂が必要となってきているのであろう。本マニュアルでは品質評価のために、図表Ⅱ-2-

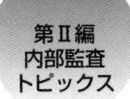

6のような数多くの実践的なツールが用意されている。

これらのツールは、「事前準備段階」「インタビュー・ガイド」「品質評価プログラム」「評価と報告」の4つのパートに分かれている。なお、実務上、効率的・効果的に内部監査の品質評価を行うためには、これらのツールの全項目についてツールどおりの評価を行うのではなく、会社の事情に応じて評価項目を取捨選択、加工した上で、評価する必要があることに留意しなければならない。

図表Ⅱ-2-6　内部監査の品質評価マニュアル（品質評価ツール）

事前準備段階	
ツール1	事前準備と計画策定
ツール2	品質評価事前準備表
ツール2A	自己評価ガイド
ツール3	内部監査部門長質問書
ツール4	監査対象部門調査書
ツール5	内部監査部門スタッフ調査書
インタビュー・ガイド	
ツール6	インタビュー・ガイド―取締役会（監査委員会）メンバー
ツール7	インタビュー・ガイド―内部監査部門長の報告先である経営陣
ツール8	インタビュー・ガイド―上級経営陣及び業務経営陣
ツール9	インタビュー・ガイド―内部監査部門長
ツール10	インタビュー・ガイド―内部監査部門スタッフ
ツール11	インタビュー・ガイド―外部監査人
品質評価プログラム	
ツール12	内部監査部門長の報告先及び品質保証の責任
ツール13	リスク評価と監査計画
ツール14	スタッフの熟練した専門能力
ツール15	情報技術（IT）
ツール16	生産性及び付加価値の評価
ツール17	計画策定と業務実施、監査調書のレビュー、監査報告書及びモニタリング・プロセス
評価と報告	
ツール18	所見及び問題点集計票
ツール19	基準遵守性評価概要書
ツール20	報告書の種類に関する説明
ツール20A	品質評価レビューの報告書例
ツール20A-1	ABC社内部監査部門の外部品質評価ピアレビュー報告書例
ツール20B	自己評価報告書
ツール20C	独立した検証を伴う自己評価報告書（例）

出所：「月刊監査研究」（2006年11月号）をもとに作成。

3-1. 品質評価の実施に向けて

　これまで紹介してきたように、内部監査の品質評価において利便性の高いツールは、かなり整備されている。その一方で、これらのツールを利用して実際に品質を評価している日本企業は、まだまだ少数派であると思われる。では、品質評価の未実施企業が、自社で内部監査の品質評価に取り組む場合、どのようにスタートするのがよいのだろうか。

　内部監査の品質評価には、評価ツールといった道具のほか、その道具を使用する評価担当者には内部監査の専門知識等が必要である。これは、評価担当者が現行の内部監査の品質の良し悪しを判定するのだから当然のことである。この点、多くの日本企業においては、内部監査部門に所属している方々以外から、品質評価担当者を選任するのは困難であるというのが実情ではなかろうか。このような社内第三者評価のリソース不足の状況を考慮すると、これから内部監査の品質評価に取り組もうとする日本企業では、まず「自己評価」で実施するのが実効性のある現実的なやり方と想定されるケースも多いだろう。

　このような想定のもと、以下では、内部監査部門による自己評価に役立ちそうな品質評価ツールについて、パートごとに解説していくことにする。

3-2. 事前準備段階

　「段取り8割、仕事（現場）2割」といわれるように品質評価においても「段取り」は非常に重要である。品質評価を行うにあたって、評価チームの作業を円滑に導くために6つのツールが用意されている。品質評

価を自己評価で実施する場合には、ツール２Ａと３が特に有用だと思われる。

(1) 自己評価ガイド（ツール2A）

本ツールは、品質評価を行うため作業プロセスを逐次形式で記載できるように設計されており、次に掲げる利用者を想定している。
- ⅡAの品質基準を満たすべく、「独立した外部検証を伴う自己評価」という選択肢の活用を検討している内部監査部門長
- 継続的な品質プログラムの一部として自己評価を検討している内部監査部門長

本ツールでは、自己評価をする際のキーポイントとして次の３つを挙げている。

① 位置付け―内部監査部門は、組織体の目標と業績に貢献することができるように、組織体内で戦略的に位置付けられているか

② プロセス―内部監査部門のプロセスは、内部監査部門の目標と監査計画の達成を可能にし、組織体の変化するニーズに敏感か

③ 人　　材―内部監査部門は、承認された監査目標や年次監査計画を運営することにふさわしい人材を擁しているか

(2) 内部監査部門長質問書（ツール3）

本ツールでは、内部監査部門長への質問が掲載されている。本来は第三者（他部門または外部）の品質評価者のためのツールであるが、内部監査部門長自らが、質問項目について客観的に検討することで自己評価にも十分活用できる。

3-3. インタビュー・ガイド

インタビューのための手引書として、インタビュー対象を取締役会（監査委員会）、内部監査担当の取締役、それ以外の取締役、内部監査部門長、内部監査部門スタッフ、外部監査人向けとしたツール（ツール6～11）が用意されている。自己評価を実施する場合、インタビュー項目として列挙されている項目の中から必要と思われる項目を抜粋し、アンケート形式で実施することが考えられる。

3-4. 品質評価プログラム

「内部監査の品質評価マニュアル」の中で最も重要な部分であり、内部監査の有効性および価値を高めるために役立つツールが用意されている。IIA基準1300では、内部監査について「その有効性を継続的に監視する品質の保証・改善プログラムを作成し、維持しなければならない」となっているが、本パートでは「品質の保証・改善プログラム」を検討するにあたって有用なツールが用意されている。

これらは、内部監査の品質について自己評価する場合にも非常に参考になるツールと思われる。

(1) 内部監査部門長の報告先及び品質保証の責任（ツール12）

本ツールの目的は、次の事項を内部監査部門長が実施しているかどうかを評価することである。

① 内部監査に関する事項を適切な人に報告しているか
② 監査役と有効な関係を維持構築しているか

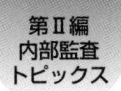

③　内部監査に係る諸問題を網羅し、対処しているか

(2) リスク評価と監査計画（ツール13）

本ツールの目的は、監査計画が適切なリスク評価に基づき立案されているか、監査計画策定プロセスを評価するために次の視点を提供することである。

①　監査対象領域は適切であったか
②　リスク分析は十分であったか
③　リスク評価結果は監査計画の策定にどのように使用されたか
④　監査資源の配分は適切であったか

(3) スタッフの熟練した専門能力（ツール14）

本ツールは、内部監査の目的を果たすべく、内部監査要員の適切な組み合わせを図るため、採用、能力開発、および任務の割り当てについて評価するために使用される。IIA基準1210において、内部監査人の専門能力について職責を果たすために必要な知識、技能およびその他の能力を備えることを要求しており、内部監査部門全体でも、必要な知識、技能および能力を備えることを要求している。

どのような知識、技能、能力が必要なのかを検討するにあたり、参考となるよう図表II-2-7に内部監査人のスキルを例示しておいた。図表II-2-7からもわかるように、内部監査人には、さまざまな専門能力が必要とされる。しかし個人でそのような能力をすべて保有することは困難であると考えられるため、IIA基準にもあるように内部監査部門全体でそのような能力を有するように人員を配置するのがよいだろう。

図表Ⅱ-2-7 内部監査人のスキル〈例〉

1. 内部監査のスキル

No.	スキル	内容	要求される知識	要求水準
1-1	監査全般	内部監査を行う上での前提条件として、監査の基礎を理解している	●内部監査の目的・機能 ●内部監査基準に関する知識 ●職業倫理に関する知識 　－独立性 　－客観性 　－守秘義務　他 ●監査チームの編成 ●内部監査のサイクル 　－監査計画 　－予備調査 　－実施 　－報告 　－フォローアップ ●監査調書 ●監査証拠 ●リスクアプローチ	●内部監査の有効性と限界を理解できる ●内部監査の全体像を把握できる ●職業倫理を遵守し、監査のあらゆる場面で内部監査人として適切な態度を保持することができる ●監査役監査や外部監査と協力して効率的な監査を実施できる ●リスクアプローチの考え方が理解できる
1-2	情報の収集と分析	内部監査を行う上で必要となる情報を収集し、適切に分析・評価することができる	●内部監査関連情報誌 ●インターネットに関する知識 ●イントラネットに関する知識	●内部監査に必要な情報の源泉を識別できる ●内部監査に必要な情報を効率的に収集することができる ●収集した情報を客観的に分析することができる ●必要な情報を取捨選択できる
1-3	リスク分析	リスクを抽出、分析、評価して、リスクアプローチに役立てる	●リスクの分類	●リスクを認識し、分類することができる ●リスクの評価・優先順位付けができる ●リスクアプローチ監査が実践できる

114

第Ⅱ編 内部監査トピックス　第2章 内部監査の品質評価

1-4	監査技法	監査技法の理解、適切な監査技法の選択適用により、監査の有効性と効率性を同時に追求する	●監査技法に関する知識 －分析的手続 －詳細テスト －実査 －立会 －確認 －CSA 他	●監査技法の理解と限界が理解できる ●状況に応じて適切な監査技法を選択適用できる
1-5	プロセス／コントロールの評価	プロセスおよびコントロールを理解し、内部統制の有効性を評価できる	●サイクル別統制手続に関する知識	●内部牽制、内部統制の状況の把握ができる ●内部統制の有効性を評価することができる ●プロセスおよびコントロールの問題点の指摘と改善提案ができる
1-6	サンプリング	サンプリングの種類、特性、手法を理解し、内部監査の遂行に役立てる	●サンプリング技法に関する知識	●サンプリングの有効性と限界を理解できる ●状況に応じて適切なサンプリングを選択適用できる ●サンプリングの結果を評価できる ●サンプリングの結果を受けて適切な対応を選択できる
1-7	ワークフローの作成・分析	業務をフローとして理解し、フローチャートの作成を通じてワークフローの問題点を識別できる	●フローチャートに関する知識	●業務を他の業務と関連付けてフローとして理解できる ●把握したワークフローに基づきフローチャートを作成できる

115

2. 専門知識

No.	スキル	内容	要求される知識	要求水準
2-1	会計	財務会計と管理会計の基礎を理解し、内部監査の遂行に役立てる	●財務会計 ―簿記の知識 ―財務分析 ―個別テーマ 等 ●管理会計	●財務諸表の基本的な構造が理解できる ●財務分析を通じて業務の問題点を把握することができる ●管理会計の手法を適用して経営状態を判断できる
2-2	税務	経営体に関わる税務を理解し、内部監査の遂行に役立てる	●法人税の基礎知識 ●消費税の基礎知識 ●地方税の基礎知識 ●税務調査の基礎知識	●会計と税務の関連が理解できる ●業務における問題点を税務の観点から指摘・助言できる ●税務調査に対して内部監査人として適切な対応が図れる
2-3	法務	経営体に関わる法務を理解し、内部監査の遂行に役立てる	●会社関連法規 ●環境関連法規	●自社の内部規程の妥当性を法律と照らし合わせて判断することができる ●法律の遵守状況を判断することができる ●業務における問題点を法律的見地から指摘・助言できる
2-4	経営管理（業務プロセス）	経営管理の重要性と必要性の理解、管理業務の基礎知識を、内部監査の遂行に役立てる	●経営戦略に関する知識 ●資金・財務管理に関する知識 ●購買管理に関する知識 ●生産・製造管理に関する知識 ●在庫管理に関する知識 ●品質管理に関する知識 ●販売管理に関する知識 ●設備管理に関する知識 ●事務管理に関する知識 ●人事・労務管理に関する知識 ●総務に関する知識	●経営管理を前提として、各プロセスの監査のポイントを想定することができる
2-5	内部統制	内部統制のフレームワークを理解し、プロセス／コントロールの評価に役立てる	●内部統制に関する基礎知識 ●内部統制の一般的なフレームワーク 　―COSO 　―COCO　他	●内部統制の基礎概念が理解できる ●内部統制の考え方を実務に即して参考することができる

第Ⅱ編 内部監査トピックス　第2章 内部監査の品質評価

No.	テーマ	目的	知識項目	能力
2-6	業界知識	自社や業界の実情と特性を理解し、内部監査の遂行に活かすことができる	●自社や業界の実情 ●自社や業界の特性	●自社や業界の動向からリスクを想定することができる ●自社や業界の特性から監査のポイントを想定できる
2-7	不正	不正の理解、対応策を駆使して、不正の防止ないし発見に適切な措置を講ずることができる	●不正一般 ―種類 ―兆候 ―手口 ●不正調査	●不正の発生を防止する措置を講ずることができる ●不正の兆候を識別することができる ●不正調査を実施し、不正を摘発することができる ●発見された不正に対して適切な対応が図れる
2-8	情報システム	情報システムの基礎知識、業務プロセスと情報システムとの関連の理解を通じてシステム監査を実施できる	●情報システムに関する基礎知識 ―プログラミングおよびシステム開発 ―バッチおよびオンラインシステム ―磁気ファイルの構成およびデータベース ―システムソフトウェア(OS) ―ハードウェア ―コンピュータ機器の操作方法 ●情報システムに組み込まれる各種コントロール ―データに対するコントロール ●コンピュータ利用監査技法 ●汎用監査ソフトウェア ●システム監査	●情報システムと業務プロセスとの関連が理解できる ●業務プロセスとの関連でシステムの問題点を識別できる ●状況に応じてコンピュータ利用監査技法を選択適用できる ●汎用監査ソフトウェアを利用できる ●汎用監査ソフトウェアを駆使して監査を有効かつ効率的に実施できる ●システム監査を実施できる
2-9	ベンチマーキング	ベンチマーキングの手法を活用し、他社事例からも自社の業務レベルの向上に繋げることができる	●ベンチマーキングに関する知識 ●ベストプラクティス	●ベストプラクティスとベンチマークし、自社のレベルをポジショニングすることができる ●ベストプラクティスを取り入れ、自社のレベルアップを図ることができる

3. 管理その他のスキル

No.	スキル	内容	要求される知識	要求される水準
3-1	業務管理	内部監査業務を管理し、全体の最適化が図れる	●プロジェクトマネジメントに関する知識 ●監査計画に関する知識 ●品質管理に関する知識	●監査資源を適切に配分することができる ●適切な監査計画を立案することができる ●監査の一連のサイクルを適切に管理することができる ●監査の品質管理ができる ●実施した監査の結果を次回以降の監査にフィードバックし、監査の高度化を図ることができる
3-2	文書の作成	伝達事項を簡潔かつ明瞭に表現し、あるいは、説得力のある文書が作成できる	●監査調書に関する知識 ●監査報告書に関する知識	●監査の結果を監査調書に簡潔かつ明瞭に表現することができる ●監査報告書に監査の結果を簡潔かつ明瞭に表現することができる
3-3	コミュニケーション	トップマネジメントと被監査部門等の監査顧客と適切なコミュニケーションを図り、良好な関係を構築することができる	●インタビューに関する知識 ●プレゼンテーションに関する知識	●監査顧客に対して適切なインタビューを実施して必要な情報を入手することができる ●監査人の見解を適切に伝達し、相手を説得することができる
3-4	人材開発	人材能力の開発や人材の育成プログラムを作成することができる	●コーチングメソッド ●モニタリング ●種々のトレーニングプログラム	●自社のトレーニング、研修プログラムを組むことができる ●人材開発手法を用いて人材育成ができる

(4) 情報技術（IT）（ツール15）

本ツールは、次の重要な監査活動領域におけるIT監査のプロセス／活動をレビューし、評価することを目的として設計されている。
- リスク識別
- 監査の範囲
- スタッフの経験／研修
- 予想したリスクベース監査の焦点
- CAATS（コンピュータ支援監査技法）の使用

(5) 生産性及び付加価値の評価（ツール16）

本ツールの目的は、内部監査部門が組織体に対してどのような価値を付加したかを判断することにある。内部監査は企業価値を向上させるために行われるべきであり、本ツールを利用しての内部監査の生産性および付加価値を評価することは非常に有益であると思われる。

(6) 計画策定と業務実施、監査調書のレビュー、監査報告書及びモニタリング・プロセス（ツール17）

本ツールの目的は、監査調書について、IIA基準および内部監査部門の方針に従っているか否かについて、評価することにある。

なお、評価の対象領域として以下のようなものが設定されている。
- （内部監査）業務計画
- 業務目標
- 業務範囲
- 業務資源の配分
- 業務実施計画
- 業務の実施

- 結果の伝達
- 継続的な監視

3-5. 評価と報告

本パートでは、品質評価の結果を要約し、評価し、最終報告するためのツールが用意されている。ツール19では、内部監査がIIA基準を遵守して行われたかのチェックリストと回答のための指針がガイドラインとして提供されている。

また、報告書のサンプルとしてツール20Aなどが用意されており、内部監査の品質評価報告書の作成に際して有用だと思われる。

4. 海外での外部評価の実施状況

品質評価の先進国の状況について述べておきたい。IIAでは、外部評価を実施した組織体の名称一覧をHPにて公開している。

公開されている資料によると2006年までに513組織が外部評価を実施している（図表Ⅱ-2-8）。この数字はIIAが把握している組織だけであるが、近年、内部監査品質の外部評価に取り組みだした企業が急激に増加していることがわかる。

では、どのような組織体が外部評価を導入しているのであろうか。組

図表Ⅱ-2-8　外部評価を実施している組織数

実施年	2006年	2005年	2004年	2003年	2002年	2001年
組織数	211	138	77	61	23	3

出所：IIAサイトより2007年2月12日ダウンロードしたデータをもとに作成。

織名を見ると、保険会社や銀行等の金融機関が多く目に付く。日本人にも馴染みのある企業では、マイクロソフト社は2005年に、トマトケチャップで有名なデルモンテ社、コーンフレークで有名なケロッグ社はそれぞれ2006年に外部評価を実施している。少し変わったところでは、南アフリカのヨハネスブルク市が外部評価を2003年に実施している。

また、表中で一番古い2001年に外部評価を実施している組織のうちの1つはMGM MIRAGE社である。同社は、読者の皆さんも一度はテレビや雑誌等で見たことがあるカジノの都ラスベガスでもひときわ目立つ有名ホテル、カジノを経営している会社である。日常的に巨額の現金を扱う同社では、内部監査に高い品質が要求されることは容易に推測され、その品質評価を外部に求めたのであろう。

5. 今後の展望

数々の企業不祥事や内部統制報告制度の導入などにより日本企業の内部監査への期待が高まり、内部監査の強化は経営者の重要な課題の1つになりつつある。この点、内部監査の品質維持・向上を目的とした品質評価の実施は不可欠なものと考えられ、内部監査の品質評価に積極的に取り組む日本企業も増えていくことが予想される。特に、品質評価にあたっては専門的知識・ノウハウが必要とされるため、監査法人や系列コンサルティング・ファームによる外部評価も次第に増加していくであろう。

第3章
内部監査とCSA

1. CSAとは

　CSAとは、Control Self Assessmentの略で、日本語では主に「統制自己評価」と訳される内部統制評価手法の1つである。内部統制を評価するためには、大きく分けて2つの方法がある。1つは、内部監査部署のような独立的な部署が監査対象部署の内部統制の整備状況についてチェックする方法で、もう1つは監査対象部署自らが自己点検する方法である。内部監査は前者にあたり、CSAは後者にあたる。

　内部監査や外部監査のように独立した「第三者」が客観的に評価するのではなく、リスクに対するコントロールを実際に維持・運用している人々自身が、その有効性について評価・分析も行うことが特徴となっている。

2. CSAが注目される背景

　多数の事業を展開している企業あるいは事業が地理的に分散している企業などでは、内部監査部署がすべての監査対象部署まで直接出向くことは効率性と有効性の観点から適切でない。そのため、内部監査とCSAの両輪を各企業のおかれている状況にあわせて組み合わせる企業が増えてきている。

第Ⅰ部でも触れたが、日本の内部監査部署は人員不足という問題を抱えており、その点からもCSAの活用について近年注目が高まってきている。

　第Ⅰ部でも紹介した2003年度版の「監査白書」にも、CSA（白書では「自己点検制度」という名称で取り上げられている）の導入状況についての調査結果が掲載されている。それによると、「全面的に活用している」が38.9％、「一部について活用している」が40.2％となっており、一部でも導入している企業が全体の8割近くを占めている。もちろん、会社ごとにその内容やレベルもさまざまではあるだろうが、注目されてきているのは確かであろう。

3. CSAの形式とアプローチについて

　CSAでは通常、ワークショップ（グループ討議）形式や質問表（チェックリスト）形式といった方法が考えられる。両者の特徴を以下に示す。

(1) ワークショップ（グループ討議）形式

　ワークショップ形式のCSAでは6～10名程度の参加者に対し、通常1名のファシリテーターと呼ばれる司会・進行役が付いて、特定のテーマについて議論をする。テーマとしては、「想定されるリスクの洗出し」「リスクの評価」「統制手続の妥当性評価」「統制手続の改善案洗出し」などが取り上げられる。ワークショップ形式は普及しており、CSAの70％を占めている。

【主なポイント】
- 一定のルールを設定した上で進行する

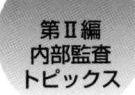

- あらかじめテーマ、参加者、プロセス、利用するツール等を定める
- ファシリテーターがリードする
- 投票を行う
- 記録係が記録を行う

(2) 質問表（チェックリスト）形式

　あらかじめ特定のテーマについて質問表を作成しておき、監査対象部署の担当者に回答してもらい、結果を評価する。テーマとしては「統制

【Column】ファシリテーションの基礎知識

　ファシリテートとは「物事を容易にする」と訳すことができるが、その中身はグループのアイデアや経験などを引き出し、そのグループが進んで責任を持てる結論・決定を引き出すというものである。そのファシリテートを実践するファシリテーターの役割は次のようなことである。

■ファシリテーターの役割
- 中立的な立場で
- チームの作業プロセスを管理し
- チームワークを引き出し
- そのチームの成果が最大となるように支援する

　CSA実施に必要なファシリテーションのスキルとしては、次の9つを挙げることができる。

■CSAに必要なファシリテーションスキル
- 議論の流れを維持・コントロールする
- 参加メンバーの価値観や議論のルールを維持する
- 参加メンバーにフェアな参加機会を提供する
- ミーティングの秩序を維持し、対立を適切に処理する
- 参加メンバーによる議論の時間配分に配慮する
- 合意・決定を記録する
- アイデア・提案を適宜提供する
- 議論に対してチャレンジする
- 参加メンバーの議論の流れを観察し、フィードバックする

活動の整備状況」「統制活動の遵守状況」などが取り上げられやすい。

【主なポイント】
- 目的に応じたチェック項目を用意する
- チェック項目を体系化する
- 電子化・データベース化する

図表Ⅱ-3-1は、CSAチェックシートイメージである。

図表Ⅱ-3-1　CSAチェックシートイメージ

―― 1章　売掛債権管理 ――

回答　1 ← → 5　　該当しない　該当する

No.	項目	質問	回答	備考	注意事項
1	受注	受注内容を漏れなく正確に記録している			購買システムのみで受注が行われている場合は"5"
2	受注	受注内容について、出荷依頼を行う前に責任者から承認を得ている			—
3	受注	記録した受注内容と出荷依頼とが整合していることを確認している			購買システムで自動的に出荷依頼が行われる場合は"5"
〜					
20	計上	計上した売掛債権金額と出荷情報とが整合していることを担当者とは別の者が確認している			—

回答者が記入

出所：筆者作成。

126

第Ⅱ編 内部監査トピックス　　第3章 内部監査とCSA

4. ワークショップ形式と質問表形式のメリット・デメリット

　ワークショップ形式とチェックリスト形式にはそれぞれ、図表Ⅱ-3-2にあるようなメリットとデメリットがあるので、CSAの目的を明確にした上で形式を選択する必要がある。実務上は、ワークショップと質問表を組み合わせる場合もある。

図表Ⅱ-3-2　形式によるメリット・デメリット

	セッション形式	チェックリスト形式
メリット	◆参加者間での情報交換・議論がある ◆必要に応じて焦点を絞り込める ◆参加者の合意形成ができる	◆多人数の参加が可能 ◆参加者の日程等の調整の必要がない ◆参加者間での匿名性が確保される ◆伝統的手法で受入れやすい
デメリット	◆複数の参加者の時間を完全に拘束し多人数の参加は難しい ◆設備・物理的スペースを要する ◆参加者間では匿名性がなく、率直な議論が行われる保証はない ◆組織風土によっては受け入れにくい	◆回答者の理解や意識を確認できない ◆テーマや質問が硬直的となる ◆評価・検証の過程で情報交換・検討・議論が行えない ◆評価結果は「合意」ではない

出所：筆者作成。

5. CSAとフレームワーク

　目的に応じたフレームワーク（考え方の枠組み）を設定して、分析・報告に利用することにより、漏れなく検討し、ランダムに見える情報を

体系的に整理して理解しやすくすることができる。また、参加者の合意を得たり、説明することを容易にすることができる側面もあり、CSAでフレームワークを利用する場合が多い。

【主なフレームワーク】
- COSO―1992年に米国トレッドウェイ委員会支援組織委員会（The Committee of Sponsoring Organizations of the Teadway Commissionの頭文字をとって通称COSOと呼ぶ）が、IIA（内部監査人協会）やAICPAと議論を重ねて発表した内部統制フレームワークである。

【Column】チェックシート作成上の留意点

　CSAチェックシートとひと口にいっても、その様式にはさまざまなパターンがある。記述式の回答を求めるのか、選択式の回答を求めるのか。あるいは選択式にした場合でも、Yes／Noの2択にするのか、3段階あるいは5段階といった段階式の選択肢にするのか、などである。

　記述式にすると、統制状況について詳細な情報が得られるものの、どのように回答すればよいか、わかりにくくなるために回答者がストレスを感じるケースが多い。また、回答者が内部統制に詳しくないと的外れな回答がなされることも多い。そのため、CSA評価結果の適正性が大幅に低下する可能性がある上に、評価・分析する際にも手間がかかる。CSAの対象範囲となる部署や会社が少ない場合には、回答者からの問い合わせに対し十分な対応を行うことも可能であり、評価・分析の手間も比較的少なくて済むため、有効な方法ではあるが、対象部署・会社が多くなると実施が難しくなってくる。

　逆に選択式にすると、回答は容易であり、対象範囲となる部署・会社が多くても分析・評価に要するリソースは比較的少なくてすむものの、統制状況についての詳細な情報が得られず、また、質問文の主旨をよく理解していなくても回答できてしまうため、誤解をはらんだ回答や事実と異なる回答が出やすくなるという欠点がある。これもCSAでの評価結果の信憑性を損なう原因となる。

　このようにチェックシートの形式だけでも考慮しなければならない点が多々あるので、チェックシート作成はその目的と回答者サイドの状況をしっかりと理解した上で、丁寧に作成することが非常に重要となってくる。

現在、数ある内部統制フレームワークの中でグローバル・スタンダードなものとして定着しているフレームワークである。
- COCO—1995年にカナダ勅許会計士協会（CICA）の統制基準委員会（The Criteria of Control Boardの頭文字をとって通称COCOと呼ぶ）が発表した内部統制フレームワークである。COCOは、企業の内部統制の基本的な基盤として統制組織や手続などよりも行動基準となる価値観を重視するものとなっている。
- COBIT—COSOをベースとして、米国の情報システムコントロール協会（ISACA）により、1996年にCOBIT（Control Objectives for Information and related Technology）というITガバナンスの成熟度を測るフレームワークが公表された。

6. CSAの内部監査への活用について

通常、多くの企業では少ない内部監査要員で監査対象部署（子会社等も含む）を訪問するのは2、3年に1度になるような例も少なくない。この監査の谷間を埋めるべく、近年では内部監査部署はCSAを内部監査プロセスに組み込んでいる。

図表Ⅱ-3-3は、内部監査プロセスにおいてCSAを利用する局面の一例であるが、監査計画だけでなく、監査の実施や監査報告、監査のフォローアップの各局面でCSAを活用することが可能である。

このように、内部監査の各局面でCSAを利用することで内部監査部署および監査対象部署にとって次のようなメリットがある。

【内部監査部署にとってのメリット】
- 内部監査のイメージと存在感を改善することができる

図表Ⅱ-3-3　内部監査プロセスとCSAの利用局面
■例示

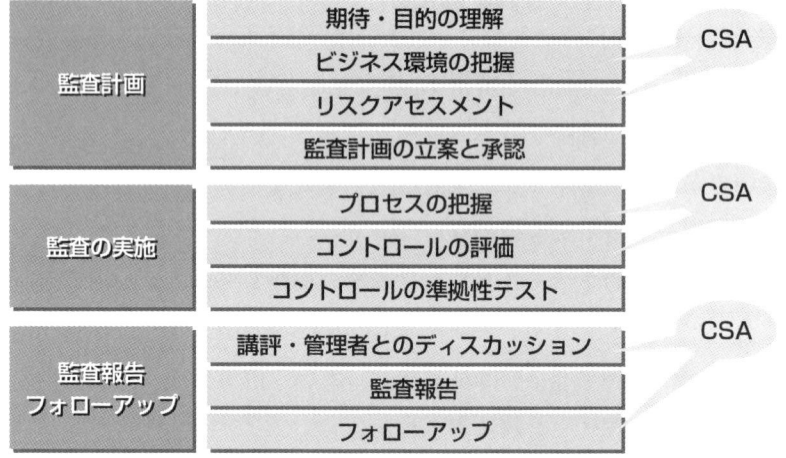

監査計画	期待・目的の理解	CSA
	ビジネス環境の把握	
	リスクアセスメント	
	監査計画の立案と承認	
監査の実施	プロセスの把握	CSA
	コントロールの評価	
	コントロールの準拠性テスト	
監査報告 フォローアップ	講評・管理者とのディスカッション	CSA
	監査報告	
	フォローアップ	

出所：筆者作成。

- 内部統制を広い視野でとらえることが可能となる
- 優先順位の高い問題や課題に焦点を絞ることができる
- 内部監査人が業務をより深く理解することができる

【監査対象部署にとってのメリット】
- 組織目的およびそれを達成するための内部統制に対する理解が高まる
- 組織（部署）が積極的に内部統制の改善に取り組む機会となる
- 課題・リスクの高い分野を特定、選択することができることにより会社が受ける監査の効率性を高める

7. CSA活用上の留意点

　ただし、CSAを内部監査に活用する場合は、一定の品質を確保することが欠かせない。そのために主に留意しなければならないこととして次のようなことが挙げられる。
- CSA質問表を作成するにあたって企業の実態を適切に反映する
- ワークショップ形式を展開するためのファシリテーターを育成する
- CSAの適切なテストプログラムを作成する
- CSAの実施手続を内部監査部署が立案する
- CSAを実地指導する内部監査人を適切に任命する

8. 今後のCSA導入の課題と展開

　現在、わが国において内部統制報告制度対応に各企業が追われているのは第Ⅰ部でも触れたが、ここでもCSAをどう活用すべきかについて議論されることが多い。そもそも、内部統制報告制度で内部統制監査の対象になるのは「財務報告に係る内部統制の中で評価対象として選定された範囲」のみであるため、経営者が気になる範囲を必ずしもすべてカバーしているわけではない。そのため、内部統制監査の対象範囲外についても内部監査のニーズはあるのだが、内部統制監査のためのテスト要員を確保するのも難しい状況の中、追加で内部監査を実施するのは多くの企業にとって非常に困難であるのは容易に想像ができよう。そこで、CSAの活用可能性が出てくるのではないだろうか。
　実際、CSAを事前監査ツールとして活用して、その結果によって実地で内部監査対象を決めるなどして内部監査のリソースをうまくコントロ

ールしている例もある。ただし、あくまで自己点検ツールであるため、独立性が確保できない点は否めないので、CSAの特徴をよくよく理解した上で、自社の内部監査態勢の中にうまく組み込んでいく必要があるだろう。

【Column】CCSA：内部統制評価指導士について

　CCSA（Certification in Control Self-Assessment）は、CSAの導入と実施の担当者である、監査人、ファシリテーター、リスクマネジメント・品質保証・環境監査部門など、組織内でコントロールに関連する業務に関わる方々のためのIIAが認定する専門資格である。CCSA認定制度は、CSA実施担当者がCSAに関する知識と実施に必要な技能を保持していることを証明し、組織へのCSAの導入を推進するために有効なものとして日本内部監査協会も推奨している。

（日本内部監査協会HPより作成）

第4章
コンプライアンス内部監査

1. コンプライアンスとは

　ひと言で「コンプライアンス」といっても、その意味する範囲は組織によってさまざまである。新聞紙面等では「コンプライアンス（法令遵守）」と表記されることが多いが、一般的に「法令遵守」あるいはそこから一歩進めた「社内ルール、社内基準の遵守」は、「狭義のコンプライアンス」と呼ばれることが多い。それに対して、社会通念上妥当とされる「倫理的価値基準、道徳的価値基準に沿った行動」や、さらには「経営理

図表Ⅱ-4-1　コンプライアンスで遵守するもの

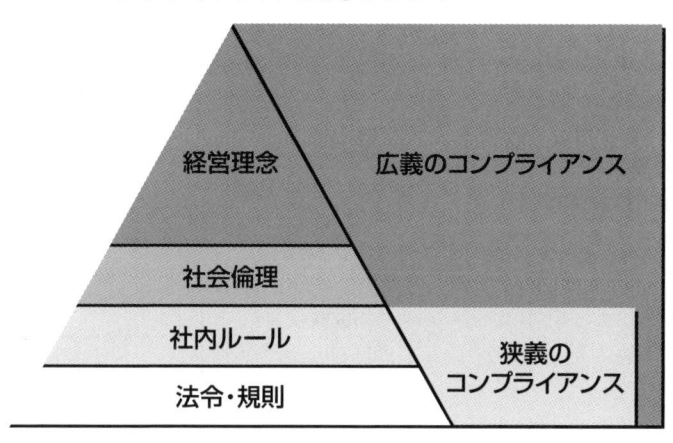

（ピラミッド図：下から「法令・規則」「社内ルール」「社会倫理」「経営理念」。上部全体が「広義のコンプライアンス」、下部「法令・規則」「社内ルール」の部分が「狭義のコンプライアンス」）

出所：筆者作成。

念に基づいた行動」までを含めた場合、「広義のコンプライアンス」と呼ばれる。

特に狭義、広義といった限定がなく、ただ単に「コンプライアンス」という場合、人によって意図する範囲が異なるので、注意が必要である。もっとも、近年では、「法律を守るだけでは不十分である」との認識が広く社会に行き渡っている感があり、「狭義のコンプライアンス」と「倫理的価値基準、道徳的価値基準に沿った行動」とをあわせて、コンプライアンスと呼ぶ場合が多いようである。

このため、コンプライアンス監査の実施検討にあたっては、監査の対象範囲を検討する上でも、まず、自社のコンプライアンスの範疇がどこまでなのかを押えておくことが、ポイントの1つとなる。

2. コンプライアンス監査の視点

コンプライアンス監査の視点（どのような切り口から監査を実施するか）は図表Ⅱ-4-2のように、(1)コンプライアンス態勢の監査と(2)個別の法令等に係る監査の2つに大きく分けられる。すなわち、コンプライ

図表Ⅱ-4-2　コンプライアンス監査の視点

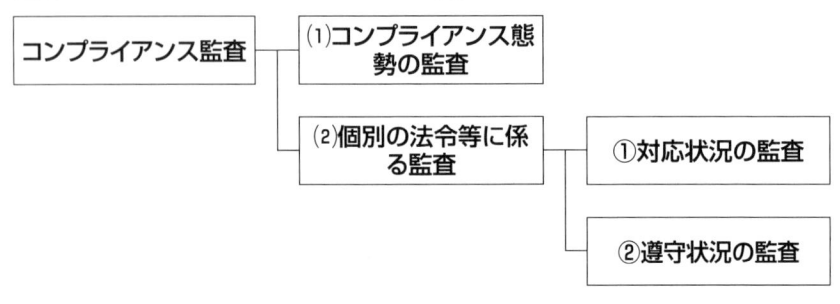

```
コンプライアンス監査 ─┬─ (1)コンプライアンス態勢の監査
                      │
                      └─ (2)個別の法令等に係る監査 ─┬─ ①対応状況の監査
                                                     │
                                                     └─ ②遵守状況の監査
```

出所：筆者作成。

アンス態勢という全般的な取り組みに対するものと、個別の法令や社内ルールに焦点を当てたものである。

コンプライアンス態勢とは、コンプライアンス全般について、その徹底を図るための仕組みであり、行動規範などの文書類や、組織体制、教育研修といった社内制度を指す。コンプライアンス態勢を監査する場合、これら社内制度が十分整備されているかどうか、また、適切に運営・実行されているかどうかという視点からチェックを行っていくことになる。

これに対して、個別の法令等に係る監査では、ある特定の法令等に焦点を当てて監査を実施していくこととなる。個別の法令等に係る監査は、さらに、①対応状況（その法令等に対応するための仕組み・ルールは確立できているか）の監査と、②遵守状況（その法令等を適正に遵守できているか）の監査に分類することができる。

このようなコンプライアンス監査に関する視点は、実際の監査の際に必ずしも明示的に区別されるわけではない。しかし、これらを理解しておくことは、監査の目的、監査対象、監査確認項目を検討したり、明確にしたりする上で、非常に有用である。すなわち、どのような視点から監査できるのかを知っていれば、何をテーマに、どの部署を対象に、どのようなポイントをチェックすればよいかの整理が容易となり、適切な監査につなげていくことが可能となるのである。反対に、このような視点が不明瞭なままだと、本来、被監査部門の役割として求められていないことをチェックするといった不適切な監査に陥ってしまうおそれもある。

例えば、個人情報保護法について、地方営業所での監査で「個人情報の入手・利用方法についてルールが定められているか」ということを確認する例は往々にしてあり得る。しかし多くの場合、営業所の責務は「本社で定めたルールをきちんと守ること」であろう。したがって、この

場合は監査でも、営業所における所定のルールの遵守状況に焦点を当てて監査するのが適切だといえよう。

　この例でもわかるように、効果的な監査を実施するためには、監査対象業務（どのような活動が行われているのか）に適合した視点で適切なチェックを行っていくことが重要である。

3. コンプライアンス態勢についての監査 ………●

　コンプライアンス態勢についての監査では、コンプライアンスについての全社的な意思決定のあり方やコンプライアンスリスクの把握、行動規範等コンプライアンスに係る文書の整備状況、教育・研修体制など、コンプライアンス強化のために必要と考えられるコンプライアンス態勢の構成要素について評価を行う。

　以下では、コンプライアンス態勢の構成要素を評価するにあたって参考となるよう図表Ⅱ-4-3に記載した評価カテゴリー（領域）および各

図表Ⅱ-4-3　コンプライアンス態勢の評価領域

コンプライアンス態勢の評価領域
（カテゴリー1）経営者の取り組み姿勢とガバナンス
（カテゴリー2）行動規範等の文書類
（カテゴリー3）情報・コミュニケーション
（カテゴリー4）教育研修
（カテゴリー5）インセンティブと人事評価
（カテゴリー6）モニタリング・監査
（カテゴリー7）報告システム・アドバイス
（カテゴリー8）問題発生時対応
（カテゴリー9）プログラム修正、継続的改善

出所：筆者作成。

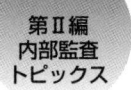

カテゴリーにおけるチェック項目を例示しておくことにする。

カテゴリー1：経営者の取り組み姿勢とガバナンス

　経営者のコンプライアンスに対する認識や、コンプライアンス委員会に代表されるコンプライアンスに係る全社的な意思決定機関の実態およびその運営状況、あるいはコンプライアンス活動を推進するための体制などについて確認する。

　一般的に社内の内部監査部門では、「経営者の取り組み姿勢」についての実質的な監査が困難である場合が多いが、会社のコンプライアンスの根幹をなすものであるため、外部のアドバイザリーがコンプライアンス監査を行う際には重視するカテゴリーである。

【チェック項目例】

- 全体的なコンプライアンス・プログラム（コンプライアンス推進のための仕組み、ルール）は取締役会で承認されたものか
- コンプライアンス態勢を推進・監督・調整していくにあたって、適切な組織体制になっているか
- 経営者は、コンプライアンス監督に対する姿勢・意見等を適切に明示しているか
- 経営者、監査役（委員会）、コンプライアンス担当役員、その他コンプライアンス推進に中心的に関与する担当者はコンプライアンスリスクとコンプライアンス活動に関して、定期的にコミュニケーションを行い、適切な対応を取っているか
- 管理職にあるものはコンプライアンスの重要性を適切に部下に伝えているか

　　　　　　　　　　　　　　　　　　　　　　　　　　　　など

カテゴリー2：行動規範等の文書類

　コンプライアンス監査では、行動規範等のコンプライアンスに関わる文書類の整備および周知の状況を確認することが目的の1つとなる。しかし、ここで留意すべきは、文書類が実用的なものかどうかということである。業務に関連するコンプライアンスリスクを明確に把握し、かつ会社にとっての重要性（違反したときに及ぼす影響の大きさ）の観点から判定したコンプライアンスリスクの評価結果を文書類にも反映する必要があるため、規範等の中身についても監査の対象とする。コンプライアンスリスクの把握と評価を怠り、一般の書籍等に記載されている汎用的な雛形を流用して行動規範を作成すると、業務の実態と乖離した内容となり、作成意義の乏しいものが出来上がってしまうおそれがある。

　また、策定した行動規範等は、いわゆる"絵に描いた餅"とならないよう従業員に対して周知しなければならず、周知の対象者はパート・アルバイトなどの非常勤者も含めた従業員全員であることが望ましい。監査人は、1人の従業員が起こした不祥事であっても、世間はそれを会社の不祥事だ（たとえ、非常勤者が起こした不祥事であったとしても管理責任が問われる）と認識することを忘れず、厳しい姿勢で監査に取り組むべきであろう。

　行動規範等を対象としたコンプライアンス監査を行う際には、これらのことを念頭に置いた上で、監査にあたる必要がある。

【チェック項目の例】

- 会社の基本的価値観および原則を示す経営理念は策定されているか
- コンプライアンスリスク（倫理的・法的リスク）の棚卸・評価を行っているか

- 会社は倫理的または合法的に行動するための指針となる行動規範を作成しているか
- すべての従業員が業務を効果的に遂行するための重要な関連法規制について、適切な情報を得ているか

など

カテゴリー3：情報・コミュニケーション

　ここでは主として、経営者から従業員、あるいは上司から部下といった組織の上から下に向けての情報伝達が監査対象となる。行動規範の周知と重複する部分もあるが、いかにして従業員に自社のコンプライアンスの精神や法令等に関する情報を伝えているかという点に焦点を当てる必要がある。

【チェック項目の例】

- コミュニケーションツール（コンプライアンスマニュアル、イントラネット、ビデオ、ポスターなど）は十分に準備されているか。また十分に活用され、コンプライアンスの浸透に役立っているか
- コンプライアンスに関する情報（新たに導入されたコンプライアンスの仕組みなど）はタイムリーに組織全体に伝達されているか
- 取引先など外部に対してもコンプライアンスに関する情報を伝えているか
- 従業員は行動規範に習熟しているか

など

カテゴリー4：教育研修

　これも組織の上から下へ向けた情報伝達の一部である。コンプライア

ンス教育は従業員のコンプライアンスに対する関心が薄れないよう、継続的に実施する必要があるため、中長期的な視点(昇格時研修など、職位に応じた研修など)および短期的視点(コンプライアンスに関するトピックスを集めた研修など)から研修計画を策定し、それに従って実施されていることが重要となる。

　また、研修は出席状況を記録しておくことにより、コンプライアンス浸透を計測する1つの指標ともなり得る。もちろん、研修の出席状況だけを見てコンプライアンスの浸透状況を判断するのは短絡的であるが、コンプライアンスにかかわらず、コミュニケーション(情報伝達)の実施状況を計る指標は少ないため、重視すべきだと考えられる。

【チェック項目の例】

> - コンプライアンスに関する教育研修における関係部署(経営者、事業部長、法務部、人事部、コンプライアンス組織など)の役割は明確か
> - 全従業員を対象とした全般的コンプライアンス研修計画はあるか
> - コンプライアンス研修の個人別の出席状況の把握・モニタリングを行っているか
>
> 　　　　　　　　　　　　　　　　　　　　　　　　　　　など

カテゴリー5：インセンティブと人事評価

　コンプライアンスと人事評価・報償制度との関わりは意外に大きい。例えば、社内の個人情報を保護するために新たに施錠管理ルールを設けた場合、多少なりとも作業量が増えることになる。施錠管理ルールが完全に業務に組み込まれ、習慣になってしまえば苦にならないだろうが、慣れるまでは煩わしいと感じることもあるだろう。それにもかかわらず、

守っていて当たり前といった風潮で、コンプライアンスに適った行動がまったく人事上評価されないようであれば、それはコンプライアンス浸透の阻害要因となる可能性がある。阻害要因とまではいかなくとも、少なくとも浸透の推進を促す材料にはならないであろう。

報償制度も同様である。コンプライアンス違反を犯しながら好業績を上げた者が表彰されるような状況であれば、コンプライアンスの浸透が妨げられることは論を待たない。

【チェック項目】

- 職務分掌規程にコンプライアンスに関する責任が明記されているか
- 人事評価にあたってコンプライアンスは何らかのかたちで考慮されているか

など

カテゴリー6：モニタリング・監査

コンプライアンスに関する日常点検、自主点検、監査が対象となる。コンプライアンス監査を対象とする場合、コンプライアンス監査の実施部署とは異なる部署あるいは外部アドバイザリー等が監査を実施するのが望ましい。なぜなら、コンプライアンス監査の実施部署が監査をすると自己監査となり、客観性に欠けるからである。

【チェック項目】

- 内部監査組織には、内部監査実施上の制約を被監査部門から受けないような権限が与えられているか
- コンプライアンス監査の結果は、経営陣および必要な部署（コン

プライアンス担当役員、人事部、法務部、事業部長等）に適時に報告されているか
- 部内でのコンプライアンス自主点検計画書はあるか
- 自部門においてコンプライアンスに関する自主点検および日常的な業務モニタリングを実施しているか

など

カテゴリー7：報告システム・アドバイス

ここでは主に、組織の下から上へと情報を吸い上げるための仕組みや相談するための仕組み（例えば、内部通報制度）などが監査の対象となる。特にコンプライアンス違反などがあった場合に、その情報が隠蔽され、経営陣に伝わらないと後で大変な事態に発展するおそれがあるため、注意が必要である。監査を行う場合は、形式上報告の仕組みが存在するかどうかだけではなく、実質的に機能しているかどうかにも留意しながら、監査を進める必要がある。

【チェック項目】

- 不正または不正が疑われる行為について、従業員の報告義務がルール化されているか
- コンプライアンス関連事項に関する社内の報告基準や報告ルート、報告のタイミングは明確になっているか
- アドバイスが必要な場合に、コンプライアンスに関する相談を上司にしているか

など

カテゴリー8：問題発生時対応

　コンプライアンスに関わる問題が発生した場合は、迅速かつ的確な対応が求められる。不祥事を起こした企業が、社内に存在する不祥事例を小出しに公表したり、経営者自身が被害者であるかのような態度をとったりするなど事後対応に不備があったために、激しく非難された例もあるため、問題発生時対応の重要性は直感的にも理解しやすいところであろう。しかし、非難を受けないために迅速かつ的確な対応する、との考えだけでは不十分である。企業が社会的に問題視されるコンプライアンス違反を犯した場合、必ず被害者が存在する。従業員による横領など自社が被害者となることもあるが、社外に被害者がいる場合も少なくないであろう。この点、問題発生時の対応は、被害者に対してそれ以上迷惑をかけないため、あるいはそれ以上被害者を増やさないために行うという認識が必要である。

　したがって、コンプライアンス監査を行う際にもマスコミ対応に偏重せず、被害者対応を念頭に置く必要がある。

【チェック項目】

- 全体的なコンプライアンス・プログラムの中に、問題発生時の対応態勢は含まれているか
- 問題発生時対応マニュアル（調査の実施・報告方法等）が整備されているか
- 従業員の調査・処分（処罰）を可能とする社内規程等は存在するか

　　　　　　　　　　　　　　　　　　　　　　　　　など

カテゴリー9:プログラム修正、継続的改善

　企業は、法令等の改正や社会全体の倫理的価値観の変化などにあわせて、コンプライアンス態勢を適宜修正する必要がある。また、コンプライアンス態勢の導入初期段階で、実効性が確保できていなかったり、期間が経過して不備が発生していたりする場合もある。そのため、良好なコンプライアンス態勢にむけて、継続的に改善する必要がある。コンプライアンス活動を形骸化させないためにも、非常に重要な取り組みである。

　コンプライアンス監査を行う際には、モニタリングなどを通じて明らかになったコンプライアンス上の問題点が放置されず、適切に改善されるための仕組みが機能しているかどうかに留意する必要がある。

【チェック項目】

- コンプライアンス・プログラムの各構成要素（教育研修、自主点検、問題発生時対応など）の有効性を判定しているか
- コンプライアンス・プログラムの有効性判定手法として指標を用いているか
- コンプライアンス・プログラムの実践課程で得られた（要改善）情報を、コンプライアンス・プログラムの修正およびリスク評価等に役立てているか

など

第Ⅱ編 内部監査トピックス　第4章 コンプライアンス内部監査

> 【Column】経団連のコンプライアンス取り組み強化項目
> 　製品やサービスの品質・安全性の問題、個人情報や顧客情報の紛失・漏洩、市場ルールへの違反、契約をめぐる消費者・顧客の信頼を損なう問題など、企業に対する社会の信頼が失墜する不祥事が絶えない状況を受けて、2006年9月に社団法人　日本経済団体連合会（以下、経団連）から会員代表者に向けて「企業倫理徹底のお願い」が出された。その文書の中で、経団連は、以下のようなコンプライアンス態勢の構成要素について取り組み強化を促している。
>
> ■コンプライアンス体制の整備と見直し
> 　1．各社独自の行動指針の整備・充実
> 　2．企業倫理担当役員の任命や担当部署の設置等、全社的な取り組み体制の整備
> 　3．企業倫理ヘルプライン（相談窓口）の整備
>
> ■コンプライアンスの浸透と徹底
> 　4．経営トップの基本姿勢の社内外への表明と具体的な取り組みの情報開示
> 　5．役員を含む階層別・職種別の教育・研修の実施、充実
> 　6．企業倫理の浸透・徹底状況のチェックと評価
>
> ■不祥事が起きた場合の対応
> 　7．適時的確な情報開示、原因の究明、再発防止策の実施、ならびにトップ自らを含めた関係者の厳正な処分

4. 個別の法令等に係る監査

　ここでは、個別の法令等への対応状況や遵守状況の監査を取り上げる。ここでの法令等とは、法律、施行令、施行規則、ガイドラインなどの法規制、業界団体等が定める自主規制および自社で定めた社内基準、ルール等を主として意味している。

（1）法令対応状況についての監査

　法令等が新設あるいは改正された場合、従業員がその法令を遵守する

ように会社として取り組みを行わなければならない場合がある。近年では、個人情報保護法、公益通報者保護法の成立や会社法、金融商品取引法の改正などが挙げられる。これらの法令については新たに社内で対応ルールを制定したり、遵守事項に対し従業員全体に遵守を促したりするなど、経営サイド主導の取り組みが必要となる。換言すると、法令によって程度の差はあれ、個別の法律に対してコンプライアンス態勢を構築するような対応が求められる。

新設・改正された法令に比べると目立ちにくいが、既存の法令についても同様のことがいえる。独占禁止法対応のマニュアルを作成して、従業員に配布するなどの対応はよく見られる例であるが、このように重要な法令については、全体のコンプライアンス態勢に付加する形で個別の取り組みを行うことになる。

そして、それらの対応状況についてもコンプライアンス監査の対象の1つとしてとらえることができ、法令を遵守するために必要な態勢が整備されているかどうかが、重要な監査の視点となる。この場合、先に説明したコンプライアンス態勢の構成要素それぞれに関して個別法令の切り口から評価するというようなイメージで監査を実施することになる。

(2) 法令等の遵守状況についての監査

特定の法令や社内ルールが適切に遵守されているかどうかを確認するための監査である。

先に述べたように、従業員が法令や社内ルールを守っているか、コンプライアンス違反はないか、という観点から監査を行うことになるが、コンプライアンス監査の場合、会計監査などと違って明確な証跡が残されていないことも多く、また、あまり不正調査的な色合いが強くなると被監査部門が警戒して十分に情報を提供してくれず、結果として当初期

待していた監査の目的が達成できなくなることも考えられる。そのため、法令等の遵守状況について監査を行う場合は、従業員の法令遵守を促すために社内で明確にルールを定めた事項を中心にして、チェック項目を組み立てていくのが実践的・効果的なやり方であると考えられる。

5. 今後の展望

　これまで述べたように、コンプライアンスとは非常にあいまいな概念であり、人によって解釈が異なるという性質を持っている。同様に、コンプライアンス監査もまた、あいまいになりやすく、下手をすると形式だけの監査になりがちである。

　コンプライアンス監査の本来的な目的は「コンプライアンスがどれくらい社内に浸透し、遵守されているか」、「コンプライアンス活動がどれくらい有効に機能しているか」を確認することにあるが、残念ながら日本の多くの企業では、その目的を達成できる内容・レベルの監査に至っていないのが現状なのではないだろうか。

　しかし、昨今の社会情勢は、企業のコンプライアンスに対して非常に敏感であり、違法行為や非倫理的な行為に対しては、厳格に法的あるいは社会的な罰を与える傾向にある。不祥事を起こした企業のいくつかが事業規模を相当縮小し、あるいは経営陣を総入れ替えし、いわば「出直し」のような形での事業再開を余儀なくされた事例を見れば、企業経営におけるコンプライアンスの重要性は明らかであろう。

　この点、企業経営に貢献する内部監査であるためには、本章で紹介したような視点も参考にしながら、それぞれの組織で実効性の高いコンプライアンス監査を実施することが望まれる。

「内部監査態勢構築」関連用語集

用　語	用語説明
ACL	カナダACL Services Ltd.が開発した企業向けデータ監査ツール（データ分析ソフトウェア）である。ACLは、データベースや業務アプリケーションなどから抽出した財務データをさまざまな角度から分析・検証できる機能がある。日本版もすでにリリースされている。
CAATS（コンピュータ支援監査技法）	CAATS (Computer Assisted Audit Techniques) とは、監査のツールとしてコンピュータを利用する監査技法のこと。膨大なデータ件数について、異常データ分析等の監査作業を実施する場合、手作業では限界があるため、コンピュータを使って分析・検証を行うケースがある。利用されるソフトウェアには、Excel、Accessのほか、監査業務用に開発されたACLなど多くの種類がある。
COSO	COSOとは、トレッドウェイ委員会支援組織委員会（The Committee of Sponsoring Organizations of the Treadway Commission）の略称であり、AICPA（米国公認会計士協会）、AAA（アメリカ会計学会）、IIA（内部監査人協会）、IMA（管理会計士協会）およびFEI（財務担当役員協会）から構成される。
COSOキューブ	COSO内部統制においてのポイントをまとめたものとして、「COSOキューブ」といわれる図がある。これは、COSO内部統制の3つの目的カテゴリー、5つの構成要素を示すとともに、内部統制は一部の部門や活動だけではなく企業全体に関わるものであることも示している。
COSOフレームワーク	COSOフレームワークは、内部統制の評価の枠組み（フレームワーク）として代表的なものである。COSOが策定し発表した「内部統制―統合的枠組み」の通称。アメリカで不正会計が多発したことを受けて、AICPA（米国公認会計士協会）やIIA（内部監査人協会）が内部統制について調査研究を行った上で1992年に発表された。
ISMS認証取得	情報セキュリティマネジメントシステム（ISMS）適合性評価制度とは、㈶日本情報処理開発協会（JIPDEC）が運営する情報セキュリティに関する認証制度のこと。本制度では、組織が構築したISMSの適合性および

	有効性を、第三者である審査機関が評価し、認証を与える。審査機関は、JIPDECによって認定される。
ISO	国際標準化機構（International Organization for Standardization:ISO）が公表している規格類。品質規格（ISO9000シリーズ）、環境規格（ISO14000シリーズ）、セキュリティ関連規格（ISO27000シリーズ）等がある。
Pマーク（プライバシーマーク）	プライバシーマーク制度とは、事業者における個人情報の取り扱いが、日本工業規格JISQ15001（個人情報保護に関するコンプライアンス・プログラムの要求事項）に適合していることを評価・認定し、その証明として、プライバシーマークというロゴマークの使用を許諾（有効期間は2年）する制度であり、財団法人日本情報処理開発協会（JIPDEC）が、その運用を行っている。許諾を受けた事業者は、名刺やホームページ等にプライバシーマークを表示することができる。

往査	被監査現場に出向き監査を実施すること。
監査通知書	監査通知書は、内部監査の実施を被監査部門に対して事前に通知するもの。事前通知（予告監査）が原則である理由として、次の3点を挙げることができる。 　1.監査実施の効率化 　2.被監査側の業務に対する配慮 　3.被監査側との信頼感の醸成
監査手続書	監査手続書とは監査項目ごとに監査目標を設定し、その目標を達成するために実施した指示書のこと。
監査報告書	監査報告書は、一般に詳細監査報告書と要約監査報告書に分けられる。前者は、監査の内容、発見事項、改善提案、それに対する被監査側の見解等を詳細に述べた監査報告書である。対して後者は、それらを簡潔にまとめたものである。
監査役監査	監査役監査は、取締役の職務執行の適法性を対象とする。したがって、監査対象は、取締役の職務すべてであり、会計監査・業務監査の双方を含む。判断基準／監査基準は、法令により異なることになる。
監査役設置会社	監査役設置会社とは、監査役を置く株式会社（その監査役の監査の範囲を会計に関するものに限定する旨の定款の定めがあるものを除く。）又はこの法律の

	規定により監査役を置かなければならない株式会社をいう。（会社法第2条10項）
業務の有効性及び効率性	事業活動の目的の達成のため、業務の有効性・効率性を高めること。
業務プロセスのリスク	業務プロセスのリスクとは、売上業務、購買業務といった組織の各業務プロセスにおける目標の達成を阻害するリスクを意味しており、売上業務であれば、商品の出荷に基づいて正しく売上計上がなされないリスクや、架空売上が計上されるリスクなど、業務プロセスの中で不正やミスが生じるリスクなどが挙げられる。
金融商品取引法	2006年6月7日に「証券取引法等の一部を改正する法律」（証取法等改正法）および「証券取引法等の一部を改正する法律の施行に伴う関係法律の整備等に関する法律」が成立し、6月14日に公布された。これにより証券取引法は全面的に改正されて「金融商品取引法」（いわゆる投資サービス法）となり、株式・債券といった伝統的な有価証券に限られないさまざまな金融商品に包括的・横断的に適用される法制が整備された。
公益通報者保護法	2006年4月1日に施行。「公益通報をしたことを理由とする公益通報者の解雇の無効等並びに公益通報に関し事業者及び行政機関が取るべき措置を定めることにより、公益通報者の保護を図るとともに、国民の生命、身体、財産、その他の利益の保護にかかわる法令の規定の遵守をはかり、もって国民生活の安定及び社会経済の健全な発展に資すること」を目的としている。
公認内部監査人（CIA）	公認内部監査人（Certified Internal Auditor：CIA）は、資格認定試験に合格し実務経験など所定の要件を満たした者に授与される称号。CIA資格認定試験は、内部監査人の能力の証明と向上を目的とした世界水準の認定制度で、1974年8月に開始され、今日までに、50,000名を超えるCIAが誕生している。
コーポレート・ガバナンス	コーポレート・ガバナンスは「企業統治」と訳される。「会社は誰のものか」「会社は誰のためにどのように運営されるべきか」という問題意識が中心テーマ。具体的な論点として以下のようなものが挙げられる。 　1.経営上の意思決定の仕組み 　2.企業内外のさまざまな利害関係者（株主、経営

	者、従業員・組合、メインバンク等の銀行、顧客、取引先、社会など）相互の関係や利害調整 3.経営者に規律を与え、監督・監視する仕組み
個人情報保護法	個人情報の保護に関する法律（通称、個人情報保護法）とは、わが国の個人情報保護に関する基本理念、国および地方公共団体の責務、個人情報を取り扱う事業者の義務を体系的に定めた法律であり、2003年5月に成立し、2005年4月より全面的に施行された。事業上、個人情報を利用している事業者が対象であり、実効性を担保するために、違反者には、主務大臣による勧告や命令、懲役、罰金などの罰則が定められている。
コントロール（統制活動）	コントロール（統制活動）とは、経営者や部門責任者などの命令・指示が適切に実行されることを確保するために定める方針・手続をいう。権限や職責の付与、業績評価や職務の分掌などの広範な方針・手続が含まれる。
財務諸表監査	企業が作成した財務諸表に対し、外部の独立した立場にある監査人が監査を行うことを意味する。財務諸表監査を行うことで、企業にとっては、株主・投資家等の利害関係者に対し財務諸表を適切に作成していることを説明することができる。また、利害関係者にとっては、監査済みの財務諸表を利用することで投資等に関する意思決定を適切に行うことが可能になる。
財務報告の信頼性	財務諸表および財務諸表に重要な影響を及ぼす可能性のある情報の信頼性を確保すること。
サンプリング	母集団全体の一定の特性を推定するために、母集団からその一部を抜き取ること。抜き取ったサンプルに対するテスト結果を用いて母集団の特性を推定することになる。
事業継続計画（BCP）	事業継続計画（Business Continuity Plan：BCP）とは、災害や事故等の発生に伴って通常の事業活動が中断した場合に、可能な限り短い期間（時間）で事業活動上最も重要な機能を再開できるように、事前に計画・準備し、継続的メンテナンスを行う1つのプロセスのこと。
資産の保全	資産の取得・使用・処分が正当な手続・承認のもとで行われるように、資産の保全を図ること。

システム監査	システム監査は、情報システムを総合的に点検、評価し、その結果を関係者に助言、勧告することにより、セキュリティ対策の実効性を担保し、システムの有効活用を図ることを目的とする。
情報と伝達	情報と伝達とは、必要な情報が識別・把握・処理され、組織内外や関係者相互間に正しく伝えられることを確保することをいう。特に、必要な情報が関係する組織や責任者に、適宜、適切に伝えられることを確保する情報・伝達の機能が不可欠となる。
テストプログラム	テストプログラムとは、内部統制が有効に運用されていることを検証するための手続を指す。
統制環境	統制環境とは、組織の気風を決定し、組織内のすべての者の統制に対する意識に影響を与えるとともに、他の基本的要素の基礎・基盤となるものである。具体的には次の事項などが挙げられる。 1.誠実性・倫理観 2.経営者の意向・姿勢 3.経営方針・経営戦略 4.取締役会、監査役（または監査委員会）の有する機能 5.組織構造と慣行 6.権限と職責 7.人的資源に対する方針と管理
内部監査規程	内部監査機能を指揮・管理していくための運営方針および手続が定められている規程。総則的なものと細則的なものに分かれている。通常、総則的なものには、内部監査目的や範囲、内部監査人の責任と権限などが、細則的なものには、内部監査計画書や内部監査調書について記載されていることが多い。
内部監査計画	策定される内部監査計画としては、中期監査計画、年度監査計画、個別監査計画が一般的である。内部監査業務の管理のベースとなる年度監査計画を中心に、中期監査計画や、個別監査計画が、それを補完または強化するものとして策定されることが多い。
内部監査人協会（IIA）	内部監査人協会（The Institute of Internal Auditors：IIA）は、1941年11月に、V.Z.Brink、R.B.Milne、J.B.Thurstonの3名が設立委員となって、アメリカ合衆国ニューヨーク州の法人として設立された。内部監査の専門職としての確立、内部監査の理論・実務に関する内部監査担当者間の研究なら

	びに情報交換、内部監査関連論文・資料の配布を中心として、内部監査に関する世界的な指導的役割を担っている。
内部監査の専門職的実施の国際基準	内部監査の専門職的実施の国際基準とは、IIAが公表している内部監査に従事する専門家に対して求められる基準。IIAは1999年に、「内部監査は他の統制手段の検査・評価を通し、組織体に貢献するということで、組織体に価値を付加する」との考え方を示した。この目的を果たすために、内部監査の役割が、従来の諸活動の検査と評価、統制の改善提案等からリスク・マネジメント、統制および組織体のガバナンス・プロセスの有効性の評価、改善へと拡張された。この基準が、2002年の改訂を経て、2004年にグローバルスタンダードとして公表されたものが、同基準である。
内部監査の品質評価マニュアル	IIAが2000年に発行した「内部監査の専門職的実施の基準」に準拠した内部監査の品質保証(評価)のあり方を規程する指針。
内部監査フレームワーク	IIAが提供する内部監査に関するフレームワーク。さまざまな産業、監査対象、部門において多様なサービスを提供する内部監査人が効果的な内部監査を実施し、最大限の価値を組織体に提供するための指針とされている。
内部統制	内部統制は、企業目的を達成するために欠かせない仕組みであり、経営者には、内部統制を構築するとともにその有効性と効率性を維持する責任がある。2007年2月15日に企業会計審議会から公表された「財務報告に係る内部統制の評価及び監査の基準」によれば、内部統制とは、次の4つの目的を達成するために企業内のすべての者によって遂行されるプロセスとされている。 　1.業務の有効性及び効率性 　2.財務報告の信頼性 　3.事業活動に関わる法令等の遵守 　4.資産の保全
内部統制の記述書	全社統制／IT全般統制に係る内部統制の記述書としてはチェックリストが、業務プロセスに係る内部統制の記述書としては(1)フローチャート、(2)リスクコントロールマトリクスが一般的である。業務記述書が作成されることもある。

内部統制報告制度	財務報告に係る開示と会計監査制度の信頼性の向上を目的に実施されつつある一連の内部統制改革を指し、日本版企業改革法、JSOX法の制度化などといわれる。実際には、日本版SOX法、JSOX法という法律が存在するわけではなく、米国における通称「企業改革法」（サーベンス・オクスリー法＝SOX法、正式には、Public Company Accounting Reform and Investor Protection Act of 2002）中の「財務報告に関する開示の強化」に倣った制度の導入を志向している部分があり、日本版SOX法等といわれることがある。
日本内部監査協会	日本内部監査協会は、1957年10月に、「日本内部監査人協会」として設立され、1958年1月に現在の「日本内部監査協会」に名称変更を行った。内部監査人協会（IIA）の日本支部でもある。協会の設立目的は、「学識経験者、関係省庁等の指導・協力を得て、内部監査・監査役監査および監事監査ならびにこれらに関連する事項についての理論および実務を多角的に調査・研究することにより、わが国における内部監査制度と監査役監査制度の健全な発展に寄与するとともに、これらの知識を広く一般に普及する」ことである。
日本内部監査協会の2004年版「内部監査基準」	2004年4月に開催された日本内部監査協会の理事会において「改訂内部監査基準（案）」が承認され、6月に内部監査基準として公表された。この改訂は、内部統制の重要性が国際的にも高まりを見せている中で、内部統制の重要な構成要素である監視活動を担う内部監査が、十分にその職責を果たしうるよう、行為指針たる内部監査基準を、より時代の流れに適合したものとすべく行われた。
パイロット監査	各監査担当者が一斉に監査を行うのではなく、標準的と思われる監査領域を選定して、パイロット監査（導入のための標準化用監査）を実施し、それを参考に各監査担当者が監査を実施することが有効となる。
汎用監査ソフトウェア	汎用監査ソフトウェアは組織のデータファイルをPCにダウンロードし（ときとしてメインフレーム上で）、さまざまに解析するために利用されるもので、次の機能を持つ。特にイレギュラー取引を容易に全件抽出できることで、不正を含む異常点の発見に威力を発揮する。

	1. トータルチェック 2. 必要情報抽出 3. 分析的手続 4. サンプリング 5. 連番の重複／ギャップチェック 6. 階層化 7. 並べ替え、等
ビジネスリスク	ビジネス目標を達成し企業価値を創造するための戦略を実行する際に、企業が理解し有効に管理しなければならない、不確実性にさらされるレベル。
フローチャート	フローチャートは、処理と制御の流れを図で表現したものであり、次の機能を持つ。 1. 主要な業務の流れを視覚化するとともに情報の入出力箇所を明確にする。 2. リスクとリスクに対するコントロールの所在を明らかにする。
プロジェクトマネジメント	チームに与えられた目標を達成するために、人材・資金・設備・物資・スケジュールなどをバランスよく調整し、全体の進捗状況を管理する手法。
分析的手続	分析的手続とは、財務データ相互間または財務データ以外のデータと財務データとの間に存在する関係を利用して推定値を算出し、推定値と財務情報を比較することによって財務情報を検討する監査手続である。推定値には、金額のほか、比率、傾向等が含まれる。
米国公認会計士協会 (AICPA)	米国公認会計士協会 (American Institute of Certified Public Accountants：AICPA) は、米国公認会計士資格のライセンス管理およびライセンスに関する基準の整備等を行っている。
法令の遵守	事業活動に関わる法令その他の規範の遵守を促進すること。
モニタリング	モニタリングとは、内部統制の有効性・効率性を継続的に評価するプロセスをいう。モニタリングにより、内部統制は常に監視・評価され、是正されることになる。
リスクアプローチ	リスクアプローチとは、監査上のリスクを事前に評価し、監査計画を策定し、監査手続を実施する手法。監査上のリスクは業種業態、規模、企業風土など企業ごとに異なるため、監査人は、企業ごとに監査上

	の危険性（リスク）を評価し、監査計画を立案し、リスクの程度に合わせて監査手続を実施することとなる。
リスクの評価と対応	リスクの評価と対応とは、組織目標の達成を阻害する要因を「リスク」として識別し、分析・評価するとともに、そのリスクへの適切な対応を行う一連のプロセスをいう。

参考文献

【書籍】

『内部監査実務全書』（日本内部監査協会発行、2001年）

『内部監査―改訂版―』（松井隆幸著、同文舘、2006年）

『内部統制の実践的マネジメント』（KPMGビジネスアシュアランス著、東洋経済新報社、2005年）

『企業価値向上のためのコーポレートガバナンス』（KPMGビジネスアシュアランス著、東洋経済新報社、2003年）

『企業法とコンプライアンス―"法令遵守"から"社会的要請への適応"へ』（郷原信郎著、東洋経済新報社、2006年）

『会社コンプライアンス―内部統制の条件』（伊藤真著、講談社、2007年）

『富士ゼロックスの倫理・コンプライアンス監査』（吉田邦雄・箱田順哉著、東洋経済新報社、2004年）

『内部監査機能―管理の観点からのアプローチ』（松井隆幸著、同文舘、2007年）

『内部監査の品質評価マニュアル―有効性と価値の向上のために』（内部監査人協会編、松井隆幸監訳、同文舘、2003年）

『内部監査人室　内部監査人のための実践読本』（阿久沢榮夫著、文芸社、2006年）

『内部監査の実務Q&A（第5版）』（海老塚利明監修、日本内部監査協会編、同文舘、2002年）

『内部統制ガイドブック』（あずさ監査法人／KPMG著、東洋経済新報社、2005年）

『実践的内部監査の実務（新訂版）』（日本内部監査協会編、守屋光博・渡辺克郎・角田善弘著、同文舘、2003年）

『Q&A戦略的内部監査―組織の不祥事を防止する』内部監査プロジェクト著、清文社、2003年）

『早わかりリスクマネジメント＆内部統制』（KPMGビジネスアシュアランス著、日科技連、2006年）

『現代の実践的内部監査』（日本内部監査協会編、川村眞一著、同文舘、2006年）

『内部監査の実務』（土田義憲著、中央経済社、2006年）
『図解　リスクマネジメント』（アンダーセン／朝日監査法人著、東洋経済新報社、2001年）

【雑誌】
『月刊監査研究』2006年11月号（日本内部監査協会）
『旬刊経理情報』2006年12月1日号（中央経済社）

【HP】
日本内部監査協会　<http://www.iiajapan.com/>
The Institute of Internal Auditors　<http://www.theiia.org/>
金融庁　<http://www.fsa.go.jp/>
財務省　<http://www.mof.go.jp/>
日本経済団体連合会　<http://www.keidanren.or.jp/indexj.html>
あずさ監査法人　ビジネスキーワード　<http://www.azsa.or.jp/b_info/keyword/top.html>

KPMG

KPMGは、監査、税務、アドバイザリーサービスを提供するプロフェッショナルサービスファームのグローバルネットワークです。世界148ヵ国のメンバーファームに113,000名以上のプロフェッショナルを擁し、サービスを提供しています。

KPMGネットワークに属する独立した個々のメンバーファームは、スイスの協同組合であるKPMG Internationalに加盟しています。KPMG Internationalは、クライアントに対していかなるサービスも行っていません。

あずさ監査法人

あずさ監査法人は、2004年1月、朝日監査法人とあずさ監査法人が合併して設立された監査法人です。全国主要都市に約3,700名の人員を擁し、監査や各種証明業務をはじめ、株式公開支援、財務関連アドバイザリーサービスなどを提供しています。また、金融業、製造・流通業、IT・メディア、官公庁、ヘルスケアなど業界特有のニーズに対応した専門性の高いサービスを提供する体制を有するとともに、4大国際会計事務所のひとつであるKPMGのメンバーファームとして、148ヵ国に拡がるネットワークを通じ、グローバルな視点からクライアントを支援しています。

KPMGビジネスアシュアランス株式会社

KPMGビジネスアシュアランス株式会社は、KPMGのメンバー企業として、コーポレートガバナンスや内部管理態勢から、事業継続やコンプライアンスのマネジメント態勢、さらには、情報セキュリティ管理態勢や人事管理態勢の構築や評価・改善など、組織風土や組織経営にかかわるさまざまなアドバイザリーサービスを提供している国内最大級のリスクマネジメント専門会社です。

■執筆協力メンバー■

平川　和孝（ひらかわ　かずたか）
KPMGビジネスアシュアランス株式会社　シニアアソシエイト

相田　智也（そうだ　ともや）
KPMGビジネスアシュアランス株式会社　シニアアソシエイト　米国公認会計士

山矢　和輝　（やまや　かずき）
KPMGビジネスアシュアランス株式会社　アソシエイト　米国公認会計士

《著者紹介》

榎本　成一（えのもと　せいいち）
あずさ監査法人　パートナー

　外資系会計事務所にて、大手製造業、流通業を中心とした会計監査に従事するとともに、業務プロセス改善コンサルティング、予算制度構築支援など、各種アドバイザリー（コンサルティング）業務を担当。1996年あずさ監査法人（旧　朝日監査法人）に入所。1998年より、リスク・アドバイザリー業務の専任となり、現在は内部監査、内部統制、リスクマネジメント、コンプライアンス経営に関連するサービスを中心に活動。コンプライアンス態勢構築支援、内部監査機能向上支援、自己評価プログラム構築支援、内部監査アウトソーシング業務など、リスク、内部統制、内部監査に関するさまざまなプロジェクトを経験。公認会計士、公認内部監査人。
　主な出版物：『取締役・執行役・監査役実務のすべて』清文社、2006年／『内部統制ガイドブック』東洋経済新報社、2005年

天野　雄介（あまの　ゆうすけ）
KPMGビジネスアシュアランス株式会社　シニアマネージャー

　大手製薬メーカーを経て外資系会計事務所および金融系シンクタンクにて各種リスクコンサルティングを経験後、2002年KPMGビジネスアシュアランス株式会社に入社。主に、大手企業のリスクマネジメント態勢構築やコンプライアンス態勢構築、内部統制制度対応のための支援業務に多数関与。日本監査研究学会会員。日本私法学会会員。
　神戸大学大学院経営学研究科マネジメントシステム専攻修了（経営学修士）
　神戸大学大学院法学研究科経済関係法専攻修了（法学修士）
　LCA大学院大学企業経営研究科　客員准教授
　主な出版物：『リスクマネジメントと会計』同文舘、2003年／『経営に活かす内部統制評価プロジェクトの進め方』中央経済社、2006年／『内部統制の実践的マネジメント』2005年／『ブランド資産の会計』2004年／『企業価値向上のためのコーポレートガバナンス』2003年／『経営革新ケーススタディ』2001年（以上、東洋経済新報社）

《検印省略》

平成19年7月25日　初版発行　　略称：内部監査態勢

ストーリーでわかる
内部監査態勢の構築

著　者	榎　本　成　一
	天　野　雄　介
発行者	中　島　治　久

発行所　**同文舘出版株式会社**
東京都千代田区神田神保町1-41　〒101-0051
電話 営業(03)3294-1801　編集(03)3294-1803
振替 00100-8-42935
http://www.dobunkan.co.jp

Printed in Japan 2007　　製版：一企画
©Seiichi Enomoto,　　　印刷・製本：KMS
　KPMG Business Assurance Co.,Ltd.

ISBN978-4-495-18921-1